かっこいい小学生になろう

Z会
グレードアップ
問題集

小学1年

国語

漢字・言葉

はじめに

Z会は「考える力」を大切にします

『Z会グレードアップ問題集』は、教科書レベルの問題集では物足りないと感じている方・難しい問題にチャレンジしたい方を対象とした問題集です。当該学年での学習事項をふまえて、発展的・応用的な問題を中心に、一冊の問題集をやりとげる達成感が得られるよう内容を厳選しています。少ない問題で最大の効果を発揮できるように、通信教育における長年の経験をもとに〝良問〟をセレクトしました。単純な反復練習ではなく、一つ一つの問題にじっくりと取り組んでいただくことで、本当の意味での「考える力」を育みます。

伝えたいことを的確に伝えられる言葉の力を身につける

国語は、すべての学習の基礎となる教科です。そして、学習だけでなく、生活すべての土台となると言ってもよいでしょう。しかし、国語の力は、母語とはいえ、自然と身につくものではありません。しっかりとした言葉の力は訓練することで磨かれます。

そこで、本書では、「漢字」「ひらがな・かたかな」「文の組み立て」といった項目ごとに、漢字・言葉を正しく使いこなすための練習を積んでいきます。また、ことわざ・慣用句や擬態語といった多くの言葉にふれたり、短文を作る取り組みをしたりする中で、自らの表現力を高めていくことができます。

国語の学習を継続させるためには、「国語は楽しい」と思えることが不可欠です。さまざまな言葉の問題に取り組むうちに、お子さまが「自ら学ぶ力」を開花させることを願ってやみません。

この 本《ほん》の つかいかた

1 この 本《ほん》は ぜんぶで 47かい あるよ。1から じゅんばんに、1かいぶんずつ やろう。

2 1かいぶんが おわったら、おうちの 人《ひと》に まるを つけて もらおう。

3 まるを つけて もらったら、つぎの ページに ある もくじに シールを はろう。

4 これができると かっこいい！ で しょうかい して いる ことは、だいじな ことだから おぼえて おこうね。

保護者の方へ

お子さまの学習効果を高め、より高いレベルの取り組みをしていただくために、保護者の方にお子さまと取り組んでいただく部分があります。「解答・解説」を参考にしながら、お子さまに声をかけてあげてください。

お子さまが問題に取り組んだあとは、丸をつけてあげましょう。また、各設問の配点にしたがって、点数をつけてあげてください。

いっしょに むずかしい もんだいに ちょうせん しよう！

もくじ

おわったら シールを はろう。

第1回

かん字の 学しゅう

一・二・三・四

学習日 月 日

得点 /100点

一

1かく

おん イチ イツ

くん ひと・ひとつ

ぶしゅ 一

ひつじゅん 一

二

2かく

おん ニ

くん ふた・ふたつ

ぶしゅ 二

ひつじゅん 一 二

三

3かく

おん サン

くん み・みつ・みっつ

ぶしゅ 一

ひつじゅん 一 二 三

四

5かく

おん シ

くん よ・よつ・よっつ・よん

ぶしゅ 口

ひつじゅん 丨 冂 四 四 四

れんしゅうしよう

□には かん字《じ》を かきましょう。また、（　）には ――を ひいた かん字《じ》の よみがなを かきましょう。（一《ひと》つ10てん）

1 赤《あか》い □《さん》 りん車《しゃ》。

2 えんぴつを □《に》 本《ほん》 かう。

3 ことしから □《いち》 年生《ねんせい》だ。

4 みちが □《ふた》 つに わかれる。

---

5 おかしを □《ひと》 口《くち》 たべる。

6 この はこは □《し》 かくけいだ。

7 □《み》 日月《かづき》と ほし。

8 □《よ》 すみに わかれる。

9 三（　）つ子《ご》が 生《う》まれる。

10 かみを 四（　）まい つかう。

第2回

ひらがな ものの 名《な》まえ ①

1 うすく なって いる 字《じ》を なぞりましょう。（20てん）

① ああああ

② ぬぬぬぬ

③ むむむむ

④ をををを

2 えに かいて ある ものの 名《な》まえを ひらがなで かきましょう。（20てん）

① 

く

② 

か

③ 

う

④ 

す

学習日 月 日

得点 /100点

3

えに あう ことばを えらび、（ ）に ○を かきましょう。（20てん）

1

ア（ ）ほん
イ（ ）はん
ウ（ ）おん

2

ア（ ）にれとり
イ（ ）こわとり
ウ（ ）にわとり

3

ア（ ）さもの
イ（ ）きもの
ウ（ ）きしの

4

ア（ ）ぬいぐるみ
イ（ ）めいぐるみ
ウ（ ）ぬいぐろみ

4

じぶんの すきな ものの 名《な》まえを 二《ふた》つずつ かきましょう。（40てん）

1 すきな たべもの

2 すきな のりもの

これが できると かっこいい！

かたちの にて いる ひらがなを きちんと かきわけられると かっこいいよ！

第3回

かん字の 学しゅう

五・六・七・八

	六	五
かく	4かく	4かく
おん	ロク	ゴ
くん	む・むつ・むっつ・むい	いつ・いつつ
ぶしゅ	八	二
ひつじゅん	丶 亠 六 六	一 丆 五 五

	八	七
かく	2かく	2かく
おん	ハチ	シチ
くん	や・やつ・やっつ・よう	なな・ななつ・なの
ぶしゅ	八	一
ひつじゅん	ノ 八	一 七

学習日 月 日

得点 /100点

れんしゅうしよう

□には かん字《じ》を かきましょう。また、（　）には ——を ひいた かん字《じ》の よみがなを かきましょう。（一《ひと》つ10てん）

1 □《はち》じには いえを 出《で》る。

2 ことし □《ろく》さいに なる。

3 □《なな》いろの にじ。

4 □《いつ》つの りんごが ある。

5 □《しち》□《ご》□《さん》の しゃしん。

6 □《や》つあたりは よく ない。

7 □《いつ》日《か》が たつ。

8 貝《かい》を □《むっ》つ ひろう。

9 犬《いぬ》を かって 八年《ねん》に なる。（　　）

10 六日《か》めの あさ。（　　）

第4回

ひらがな

゛と゜／小《ちい》さく かく 字《じ》

1 つぎの ひらがなの 中《なか》から、゛や ゜が つかない ものを えらび、○で かこみましょう。（15てん）

つ　い　よ

ね　も　は　へ

そ　く　ら

2 つぎの □ の 中《なか》から、゛の つく ことばを えらび、゛を つけて 正《ただ》しく かきましょう。（15てん）

かみなり　ひょういん　ゆき

とんほ　みかん　ふうせん

ぬりえ　かほちゃ

学習日　月　日

得点　／100点

3 つぎの 文《ぶん》の 中《なか》から、小《ちい》さく かく ひらがなを さがし、○で かこみましょう。（30てん）

きようの ごご、おかあさん
と いつしよに としよかんに
いきました。本《ほん》を たくさん
かりたので、学校《がっこう》の しゆくだ
いを 早《はや》く すませて、よみた
いです。

4 みの まわりの ことばの 中《なか》から、つぎの ことばを さがし、二《ふた》つずつ かきましょう。（40てん）

① 「や」「ゆ」「よ」の つく ものの 名《な》まえ

② 「っ」が つく ものの 名《な》まえ

これが できると かっこいい！

゛や゜は、字《じ》の 右上《みぎうえ》に かくよ。ばしょに ちゅういして かけると、かっこいいね！

第5回

さまざまな ことば

おなじ 音《おん》の ことば

1 ――を ひいた ことばに あう えを えらび、（ ）に ○を かきましょう。（30てん）

(1) きのう、おかあさんに まるくて 大《おお》きな あめを もらったんだ。

ア（ ）

イ（ ）

(2) くもに のって、空《そら》を ふわふわと とんで みたいなあ。

ア（ ）

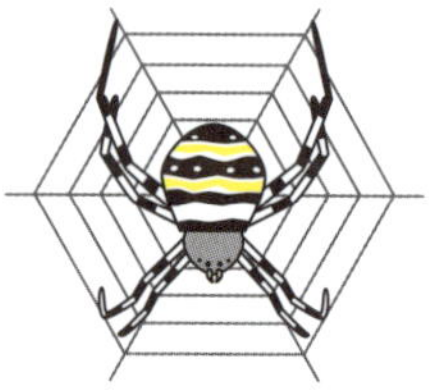

イ（ ）

2 二人《ふたり》の ことばを ヒントにして、おなじ ひらがなで かく、いみの ちがう ことばを かきましょう。（20てん）

川《かわ》を わたる ときに ひつような ものだよ。

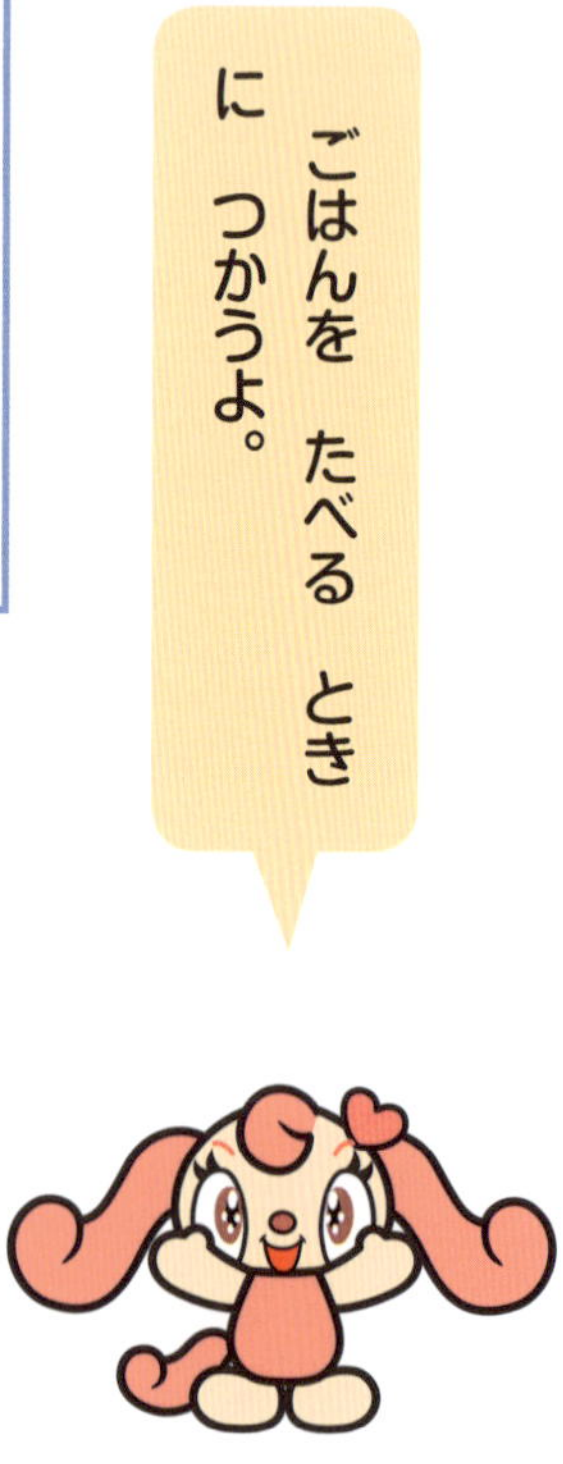
ごはんを たべる ときに つかうよ。

学習日　月　日

得点　／100点

3 ――を ひいた ことばと おなじ いみで つかわれて いる ものを えらび、（　）に ○を かきましょう。（50てん）

1 こうえんで ともだちに あう。
ア（　）大《おお》きさが ちょうど あう。
イ（　）十《じゅう》じに えきで あう。

2 大《おお》きな いえに すむ。
ア（　）山《やま》の 上《うえ》に すむ。
イ（　）そうじが 早《はや》く すむ。

3 八《はち》じに 学校《がっこう》に つく。
ア（　）へやの でん気《き》が つく。
イ（　）車《くるま》が いえの まえに つく。

4 ふえを ならす。
ア（　）大《おお》きな 音《おと》を ならす。
イ（　）からだを 水《みず》に ならす。
ウ（　）土《つち》を たいらに ならす。

5 おとうとの はなしを きく。
ア（　）この くすりは よく きく。
イ（　）わからない ことを 先生《せんせい》に きく。
ウ（　）ともだちの うわさを きく。

しっていたら かっこいい！
おなじ 音《おん》の ことばには、ほかにも つぎのような ことばが あるね。みの まわりで さがして みよう。

第6回

かん字の 学しゅう

九・十・文・字

九

2かく

おん キュウ
ク

くん ここの・ここのつ

ぶしゅ 乙

ひつじゅん ノ 九

十

2かく

おん ジュウ
ジッ

くん とお
と

ぶしゅ 十

ひつじゅん 一 十

文

4かく

おん ブン
モン

くん (ふみ)

ぶしゅ 文

ひつじゅん 丶 亠 ナ 文

字

6かく

おん ジ

くん (あざ)

ぶしゅ 子

ひつじゅん 丶 ⺀ 宀 宁 字 字

学習日
月 日

得点
/100点

れんしゅうしよう

□には かん字《じ》を かきましょう。また、（　）には ——を ひいた かん字《じ》の よみがなを かきましょう。（一《ひと》つ10てん）

1 □《じっ》本《ぽん》の さくらの 木《き》。

2 □《じ》を 正《ただ》しく かく。

3 □《ぶん》しょうを かく。

4 あねは □《きゅう》さいだ。

5 □《とお》日《か》めに 花《はな》が さく。

6 □《ここの》つの たまごを かう。

7 九（　）月《がつ》に たん生《じょう》日《び》が ある。

8 天《てん》文（　）だいで ほしを 見《み》る。

やってみよう

一《いち》から 十《じゅう》までを じゅんばんに ならべた とき、□に 入《はい》る かん字《じ》を かきましょう。(20てん)

一 二 □ 四 □ 六 □ 八 □ 十

第7回

ひらがな

のばす 音《おん》

1 のばす 音《おん》に ちゅういして、えに あう ことばを かきましょう。（35てん）

1
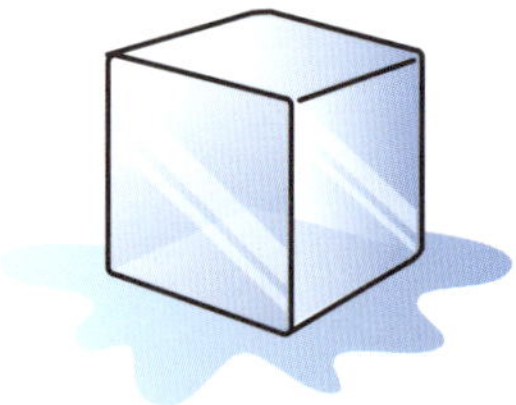
こ

2

お

3

と

4
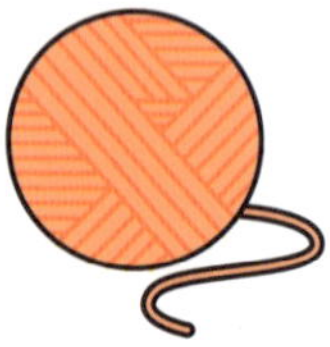
け

5

え

6

ゆ

7

ぶ

学習日 月 日

得点 /100点

2 正《ただ》しい かきかたを して いる ほうの（ ）に ○を かきましょう。（20てん）

1

ア（ ）おかーさん
イ（ ）おかあさん

2
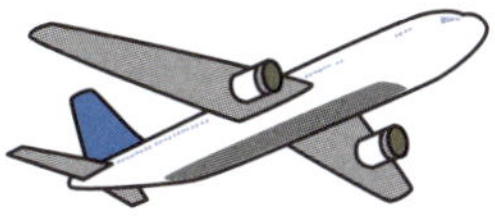

ア（ ）ひこうき
イ（ ）ひこおき

3

ア（ ）ふーせん
イ（ ）ふうせん

4

ア（ ）ほうちょう
イ（ ）ほおちょお

3 つぎの 文《ぶん》の 中《なか》には、のばす 音《おん》の かきかたの まちがいが あります。まちがって いる ところに ×を つけて、よこに 正《ただ》しく かきなおしましょう。（45てん）

やりかた ぼくの いも~~お~~うとは 四《よん》さいです。

ぼくの おとおさんは、やきゅーが じょおずです。こおこおせえの ときには、大《たい》かいで ゆうしょおしたそうです。おじーさんから、そお ききました。

第8回

日・山・土・大

かん字の 学しゅう

学習日

月 日

得点

／100点

日

4かく

ひつじゅん：｜ 冂 日 日

おん：ニチ ジツ

くん：ひ か

ぶしゅ：日

山

3かく

ひつじゅん：｜ 山 山

おん：サン

くん：やま

ぶしゅ：山

土

3かく

ひつじゅん：一 十 土

おん：ド ト

くん：つち

ぶしゅ：土

大

3かく

ひつじゅん：一 ナ 大

おん：ダイ タイ

くん：おお・おおきい・おおいに

ぶしゅ：大

れんしゅうしよう

□には かん字《じ》を かきましょう。また、（　）には ――を ひいた かん字《じ》の よみがなを かきましょう。（一《ひと》つ10てん）

1 ふじ□《さん》が 見《み》える。

2 ねん□《ど》を こねる。

3 □《たい》せつな しなもの。

4 まい□《にち》 さんぽを する。

5 ひろい □《と》ちが ある。

6 □《やま》のぼりに 出《で》かける。

7 休《きゅう》□《じつ》が まちどおしい。

8 あには □《だい》学生《がくせい》だ。

9 ぞうは 大きい。（　　）

10 おまつりは 三日かん つづく。（　　）

第9回

ひらがな

ものの 名《な》まえ ②／あいさつ

1 つぎの ものの 名《な》まえを 三《みっ》つずつ かきましょう。（30てん）

1 くだものの 名《な》まえ

2 やさいの 名《な》まえ

2 つぎの ばしょに ある ものの 名《な》まえを 四《よっ》つずつ かきましょう。（40てん）

1 こうえん

2 学校《がっこう》

学習日

月　日

得点

／100点

3 えに　あう　ことばに　なるように、まちがって　いる　ところに　×を　つけて、よこに　正《ただ》しく　かきなおしましょう。（20てん）

1

つぼめ

2

しやしん

3

きんぎゅ

4

おねいさん

4 一日《いちにち》に　する　あいさつには　どのような　もの　が　ありますか。あなたが　きょう　した　あいさつの　ことばを　おもい出《だ》して、おもいつくだけ　かいて　みましょう。（10てん）

第10回

かん字の 学しゅう 人・入・上・下

学習日
月 日

得点
／100点

人

2かく

おん ジン・ニン
くん ひと

ぶしゅ 人

ひつじゅん ノ 人

入

2かく

おん ニュウ
くん いる・いれる
はいる

ぶしゅ 入

ひつじゅん ノ 入

上

3かく

おん ジョウ・（ショウ）
くん うえ・うわ・かみ
あげる・あがる
のぼる

ぶしゅ 一

ひつじゅん ｌ ト 上

下

3かく

おん カ・ゲ
くん した・しも・（もと）
さげる・さがる・くだる
くだす・おろす・おりる

ぶしゅ 一

ひつじゅん 一 丅 下

れんしゅうしよう

□には　かん字《じ》を　かきましょう。また、（　）には　――を　ひいた　かん字《じ》の　よみがなを　かきましょう。（一《ひと》つ10てん）

1 手《て》を　□□《じょうげ》に　うごかす。

2 ちちは　やさしい　□《ひと》だ。

3 あすは　□《にゅう》学《がく》しきだ。

4 □《にん》気《き》の　ある　えいが。

5 てつぼうに　ぶら　□《さ》がる。

6 きょうしつに　□《はい》る。

7 川上《かわかみ》（　）から　ながれて　くる。

8 にもつを　入れかえる（　）。

やって　みよう

つぎの　かん字《じ》に　せんを　一本《いっぽん》　足《た》して、べつの　かん字《じ》を　つくりましょう。（20てん）

れい　人→大

十→□

第11回

ひらがな

しりとり／ことばさがし

学習日　月　日

得点　／100点

1 つぎの　ことばが　しりとりに　なるように、□に　ひらがなを　かきましょう。（50てん）

おかし → ①□□ → ②か□□ → みかづき → ③□□ね → ④□□ → こくご → ⑤□□ん

2 つぎの　ひらがなを　つかって、どうぶつの　名《な》まえを　三《みっ》つ　つくりましょう。（つかわない　ひらがなも　あります。）（30てん）

~~う~~　み　ず　ぎ　い　~~く~~　~~ね~~　さ　め　ま

う□□

ね□□

く□

3 □の かずに あうように、えの 中《なか》に ある ものの 名《な》まえを かきましょう。（20てん）

第12回

さまざまな ことば

ことばの なかまわけ

学習日 月 日

得点 /100点

1 ▢の 中《なか》から なかまはずれの ことばを 一《ひと》つ えらび、○で かこみましょう。（20てん）

1 赤《あか》 白《しろ》 金《きん》 青《あお》 火《ひ》

2 耳《みみ》 目《め》 花《はな》 手《て》 足《あし》

3 あさ 夕《ゆう》がた よる 月《つき》 ひる

4 きつね 犬《いぬ》 ねこ とら めだか

2 つぎの 三《みっ》つの ことばが おなじ なかまに なるように、あとの ▢の 中《なか》から ことばを 一《ひと》つ えらび、かきましょう。（30てん）

1 うま たぬき ［　　］

2 えんぴつ けしゴム ［　　］

3 じてん車《しゃ》 バス ［　　］

トラック じょうぎ さる

3 つぎの ものの 名《な》まえを まとめて よぶ いいかたを かきましょう。（20てん）

れい

おとうさん　おかあさん
おにいさん　いもうと

かぞく

1

キャベツ　だいこん
かぼちゃ　ピーマン

2

あたま　足《あし》　かお
おなか　手《て》　おしり

4 つぎの なかまの ことばを おもいつくだけ かきましょう。（30てん）

1 あまい たべものの なかま

2 うみに いる 生《い》きものの なかま

第13回

かん字の 学しゅう

中・名・子・出

中

4かく

おん チュウ ジュウ

くん なか

ぶしゅ 丨

ひつじゅん 丶 口 口 中

名

6かく

おん メイ ミョウ

くん な

ぶしゅ 口

ひつじゅん ノ ク タ タ 名 名

子

3かく

おん シ ス

くん こ

ぶしゅ 子

ひつじゅん フ 了 子

出

5かく

おん シュツ・(スイ)

くん でる だす

ぶしゅ 山

ひつじゅん 丨 屮 屮 出 出

学習日 月 日

得点 /100点

れんしゅうしよう

□には かん字《じ》を かきましょう。また、（　）には ——を ひいた かん字《じ》の よみがなを かきましょう。（一《ひと》つ10てん）

1 □《な》ふだを つける。

2 小《ちい》さな □《こ》ども。

3 水《すい》□《ちゅう》に もぐる。

4 □《しゅっ》せきを とる。

5 へやの まん□《なか》。

6 りょうりの □□《めいじん》。

7 そとに □《で》る。

8 女《じょ》□《し》の サッカーチームに 入《はい》る。

9 名字を きかれる。（　　）

10 大《おお》きな こえを 出す。（　　）

第14回

かたかなで かく ことば ①

かたかな

1 うすく なって いる 字《じ》を なぞりましょう。（20てん）

1 アアアア

2 ママママ

3 シシシシ

4 ツツツツ

2 えに かいて ある ものの 名《な》まえを かたかなで かきましょう。（20てん）

1  リ

2  プ

3  ピ

4  パ

学習日　月　日

得点　／100点

3 えに あう ことばを えらび、（ ）に ○を かきましょう。（20てん）

1

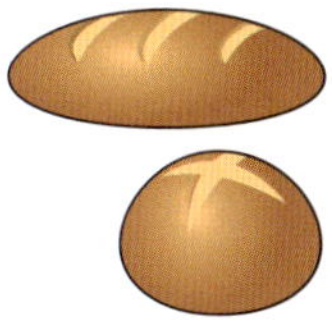

ア（ ）ハン
イ（ ）ルン
ウ（ ）パン

2

ア（ ）テレビ
イ（ ）ラレビ
ウ（ ）フレビ

3

ア（ ）ラット
イ（ ）ヲット
ウ（ ）ヨット

4

ア（ ）ツャンプー
イ（ ）シャンプー
ウ（ ）シャソプー

4 かたかなで かく たべものの 名《な》まえを 四《よっ》つ かきましょう。（40てん）

しっていたら かっこいい！

がいこくから きた ことばは、かたかなで かくよ。
つぎの ことばは こんな くにから きたんだよ。

・カステラ……ポルトガル
・ランドセル……オランダ
・パフェ……フランス
・ラーメン……ちゅうごく

第15回

かん字の 学しゅう

手・足・虫・左

学習日　月　日

得点　／100点

手

4かく

おん　シュ

くん　て・(た)

ぶしゅ　手

ひつじゅん　一 二 三 手

足

7かく

おん　ソク

くん　あし　たりる・たる・たす

ぶしゅ　足

ひつじゅん　丨 口 口 早 早 足 足

虫

6かく

おん　チュウ

くん　むし

ぶしゅ　虫

ひつじゅん　丨 口 口 中 虫 虫

左

5かく

おん　サ

くん　ひだり

ぶしゅ　工

ひつじゅん　一 ナ 大 左 左

れんしゅうしよう

□には かん字《じ》を かきましょう。また、（　）には ――を ひいた かん字《じ》の よみがなを かきましょう。（一《ひと》つ10てん）

1 □《むし》めがねで かんさつする。

2 あく□《しゅ》を する。

3 つぎの かどを □《さ》せつする。

4 あすは えん□《そく》だ。

5 □《て》□《あし》を うごかす。

6 こん□《ちゅう》を しらべる。

7 □《ひだり》うでを 上《あ》げる。

8 おこづかいが □《た》りない。

9 水《みず》を 足（　）す。

10 土足（　）で 上《あ》がっては いけない。

第16回

かたかな

かたかなで　かく　ことば　②

学習日　月　日

得点　／100点

1 おなじ　よみかたの　ひらがなと　かたかなを　せんで　むすびましょう。（20てん）

あ　ぬ　め　ま　お

マ　オ　ヌ　メ　ア

2 つぎの　文《ぶん》の　中《なか》から、かたかなで　かく　ことばを　さがし、**やりかた**のように　かきなおしましょう。（30てん）

やりかた　あつかったので、~~あいす~~（アイス）を　たべた。

ぼくは　きのう、あめりかの　おみやげに、さいれんの　なる　ぱとかあの　おもちゃを　もらいました。

3 つぎの　えの　中《なか》から、かたかなで　かく　ものを　さがし、五《いつ》つ　かきましょう。（50てん）

これが　できると　かっこいい！

みの　まわりに　ある、かたかなで　かく　ことばを　たくさん　さがして　みよう！

第17回

音《おと》を　あらわす　ことば

さまざまな　ことば

1 つぎの　文《ぶん》に　あう　ことばを　えらび、○で　かこみましょう。（30てん）

1 かみなりが｛コロコロ／ゴロゴロ｝なって　いる。

2 たいこを｛ドンドン／ドシドシ｝と　たたく。

3 雨《あめ》が｛ジージー／ザーザー｝ふって　いる。

2 つぎの □ に　あてはまる　ことばを　あとの ▭ の　中《なか》から　えらび、かきましょう。（30てん）

1 川《かわ》を　□　わたる。

2 ゆかが　□　なる。

3 かぜが　□　ふく。

ヒューヒュー　シャーシャー　ザーザー
ミシミシ　バシャバシャ　カチカチ

学習日　月　日

得点　／100点

3 下《した》の　えを　さんこうに　して、[ ]の　中《なか》の　音《おと》を　あらわす　ことばを　一《ひと》つずつ　つかった　文《ぶん》を　二《ふた》つ　つくりましょう。（40てん）

ピヨピヨ　カチカチ　ポトポト
パチパチ　ゴトンゴトン　チリンチリン

れい　かわいい　ひよこが　ピヨピヨと　なく。

これができると　**かっこいい！**

音《おと》を　あらわす　ことばには、ほかに　どんな　ものが　あるかな？　おうちの　人《ひと》に　おもいついた　ことばを　おしえて　あげよう。

第18回 かん字の 学しゅう

右・石・生・正

学習日　月　日

得点　/100点

右

5かく

おん：ウ・ユウ

くん：みぎ

ぶしゅ：口

ひつじゅん：ノ ナ 𠂇 右 右

石

5かく

おん：セキ・シャク（コク）

くん：いし

ぶしゅ：石

ひつじゅん：一 ㇆ 丆 石 石

生

5かく

おん：セイ・ショウ

くん：いきる・いかす・いける うまれる・うむ・はえる なま・（き）・（おう）

ぶしゅ：生

ひつじゅん：ノ 𠂉 牛 牛 生

正

5かく

おん：セイ・ショウ

くん：ただしい・ただす まさ

ぶしゅ：止

ひつじゅん：一 丅 下 正 正

れんしゅうしよう

□には かん字《じ》を かきましょう。また、（　）には ——を ひいた かん字《じ》の よみがなを かきましょう。（一《ひと》つ10てん）

1 □《ただ》しい ことばづかい。

2 うつくしい ほう□《せき》。

3 まい日《にち》の □《せい》かつ。

4 □《さ》□《ゆう》を 見《み》て わたる。

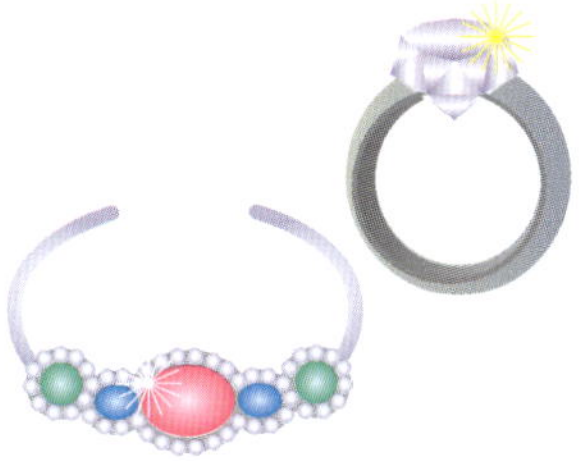

5 じ□《しゃく》を ちかづける。

6 □《しょう》じきに はなす。

7 赤《あか》ちゃんが □《う》まれる。

8 □《いし》ころを ひろう。

9 車《くるま》が 右（　）せつする。

10 しあわせな 一生（　）。

第19回

なにが／どう する・どんなだ

文の くみ立て

学習日　月　日

得点　／100点

1 つぎの 文《ぶん》から 「なに（だれ）が」「なに（だれ）は」に あたる ことばを ぬき出《だ》しましょう。（30てん）

1 この 花《はな》は きれいだ。

2 ぼくの いもうとが なく。

3 きれいな ちょうが ひらひらと とぶ。

2 つぎの 文《ぶん》から 「どう する」「どんなだ」に あたる ことばを ぬき出《だ》しましょう。（30てん）

1 ぼくは きのう、ともだちと あそんだ。

2 きょうも 雨《あめ》が ふる。

3 この おかしは とても おいしい。

3 つぎの 文《ぶん》から、「なに（だれ）が」「なに（だれ）は」と、「どう する」「どんなだ」に あたる ことばを ぬき出《だ》しましょう。（40てん）

1 この きょうしつは とても しずかだ。

（なには）

（どんなだ）

2 そとで、かぜが はげしく ふく。

（なにが）

（どう する）

3 ともだちの ふくは かわいい。

（なには）

（どんなだ）

4 きのうの ほうかご、ぼくは サッカーの れんしゅうを した。

（だれは）

（どう する）

5 わたしの おとうさんは、だれに たいしても やさしい。

（だれは）

（どんなだ）

しっていたら かっこいい！

「なにが」などは 「しゅご」、「どう する」などは 「じゅつご」と いうよ。二年生《にねんせい》に なったら くわしく がくしゅうするよ！

第20回 かん字の 学しゅう

小・先・学・校

小

3かく

おん ショウ

くん ちい さい　こ　お

ぶしゅ 小

ひつじゅん 亅 小 小

先

6かく

おん セン

くん さき

ぶしゅ 儿

ひつじゅん ノ ⺧ 牛 生 先 先

学

8かく

おん ガク

くん まな ぶ

ぶしゅ 子

ひつじゅん 丶 丷 ⺍ ⺍ 𫩏 学 学 学

校

10かく

おん コウ

くん —

ぶしゅ 木

ひつじゅん 一 十 才 木 木' 村 朽 朽 校 校

学習日　月　日

得点　／100点

れんしゅうしよう

□には かん字《じ》を かきましょう。また、（　）には ——を ひいた かん字《じ》の よみがなを かきましょう。（一《ひと》つ10てん）

1 ゆび □《さき》 が つめたい。

2 □《ちい》 さい 子《こ》を かわいがる。

3 たんにんの □□《せんせい》。

4 □《こ》 とりが さえずる。

5 ちかくの □□□《しょうがっこう》。

6 あたらしい □《こう》 しゃ。

7 小（　）川《がわ》の せせらぎ。

8 ことばを 学（　）ぶ。

やって みよう

つぎの かん字《じ》と はんたいの いみを もつ かん字《じ》を かきましょう。（20てん）

1 右⇕□

2 大⇕□

第21回

文のくみ立て 「は」「を」「へ」

1 つぎの 文《ぶん》に あう 正《ただ》しい ことばを えらび、○で かこみましょう。（30てん）

1 うみ｛え／へ｝と つづく みち。

2 わたし｛は／わ｝、あまい ものが すきだ。

3 おうだんほどうは 気《き》｛を／お｝つけて わたりましょう。

2 つぎの 文《ぶん》の □に 入《はい》る ことばを あとの（　）の 中《なか》から 一《ひと》つずつ えらび、かきましょう。（30てん）

1 □じいちゃん□いえまで おくる。（を・お）

2 わたし□、□りばしで やきそばを たべた。（わ・は）

3 にわに□、二《に》わの に□とりが います。（わ・は）

学習日　月　日

得点　／100点

3 つぎの 文《ぶん》には 「は」「を」「へ」の まちがいが 一《ひと》つずつ あります。まちがって いる ところに ×を つけて、よこに 正《ただ》しい 字《じ》を かきましょう。（30てん）

1 わたしの おかあさんわ やさしい。

2 でん車《しゃ》に のる ため、えきえ むかう。

3 いもうとの ために おりがみお おる。

4 つぎの 文《ぶん》には （ ）の かずだけ まちがいが あります。正《ただ》しい 文《ぶん》に かきなおしましょう。（10てん）

1 わたしたちは、学校《がっこう》を とうちゃくした。（一《ひと》つ）

2 学校《がっこう》からの かえりみち、ぼくに てんとう虫《むし》が 見《み》つけました。（二《ふた》つ）

第22回

かん字の 学しゅう

水・花・田・月

水	4かく
おん	スイ
くん	みず
ぶしゅ	水
ひつじゅん	亅 刁 水 水

花	7かく
おん	カ
くん	はな
ぶしゅ	艹
ひつじゅん	一 十 艹 艹 芢 芲 花

田	5かく
おん	デン
くん	た
ぶしゅ	田
ひつじゅん	丨 冂 冂 田 田

月	4かく
おん	ゲツ ガツ
くん	つき
ぶしゅ	月
ひつじゅん	丿 冂 月 月

学習日 月 日

得点 ／100点

れんしゅうしよう

□には かん字《じ》を かきましょう。また、（　）には ——を ひいた かん字《じ》の よみがなを かきましょう。（一《ひと》つ10てん）

1 □《か》だんの 手《て》入《い》れを する。

2 こん□《げつ》の よてい。

3 □□《すいでん》が ひろがる。

4 □□《いちがつ》は さむい 日《ひ》が つづく。

5 □《みず》いろの リボン。

6 大《おお》きな □《はな》たば。

7 きょうは □《すい》よう日《び》だ。

8 □《た》はたを たがやす。

9 水（　）たまりが できる。

10 こんやは 月（　）が きれいだ。

第23回

文の くみ立て

つなぎことば

学習日　月　日

得点　／100点

1 つぎの 文《ぶん》の □に あう ことばを あとの ▭ の 中《なか》から 一《ひと》つずつ えらび、かきましょう。ただし、おなじ ことばは 二《に》かい つかえません。（30てん）

1 にんじんは すきです。［　　］ピーマンは きらいです。

2 この りんごは、あまくて おいしい。［　　］ねだんも やすい。

3 この くすりは、水《みず》、［　　］ぬるまゆで のんで ください。

4 これで、きょうの じゅぎょうは おわりです。［　　］、あさってから なつ休《やす》みですね。

5 わたしは、かぜを ひいて しまった。［　　］、学校《がっこう》を 休《やす》んだ。

6 けさは、はれて いた［　　］、とつぜん 雨《あめ》が ふりはじめた。

ところで　または　でも
だから　そして　のに

2 ――を ひいた つなぎことばに ちゅういして、あとに つづく 文《ぶん》を えらび、（　）に ○を かきましょう。（30てん）

1 その にもつは おもかったけれど、

ア（　）がんばって じぶんで はこんだ。

イ（　）あにに はこんで もらった。

2 ともだちは 足《あし》が はやく、そのうえ、

ア（　）およぎも とくいだ。

イ（　）およげない。

3 わたしの いえは、かぞくが おおいので、

ア（　）いつも しずかだ。

イ（　）いつも にぎやかだ。

3 ――を ひいた つなぎことばは まちがって います。文《ぶん》に あう 正《ただ》しい つなぎことばを かきましょう。（40てん）

1 おかあさんは りょうりが 上手《じょうず》です。だから、たまに あじつけに しっぱいする ことが あります。

2 あさごはんは パンが よいですか。しかも、ごはんが よいですか。

これが できると かっこいい！

正《ただ》しい つなぎことばを つかう ことで、文《ぶん》しょうの いみが よむ 人《ひと》に きちんと つたわるよ。

第24回

さまざまな ことば

こそあどことば

1 つぎの かいわの 中《なか》から こそあどことばを 見《み》つけ、○で かこみましょう。（20てん）

ぼく「どの みちを いけば えきに つくの かな。」

ともだち「あの こうばんで きいて みよう。」

ぼく「えきまでの いきかたを、おしえて ください。」

けいさつかん「えきなら その みちを いく と ちかいよ。」

ともだち「では、この みちを すすんで みよう。」

2 えに あう こそあどことばを えらび、○で かこみましょう。（30てん）

1

{これ／それ} は わたしの 本《ほん》です。

2

{どれ／それ} は あなたの ものですか。

3

{あれ／どれ} に しようかな。

学習日
月 日

得点
／100点

3 つぎの □ に あてはまる こそあどことばを あとの ▭ の 中《なか》から えらび、かきましょう。（30てん）

① □ かばんは だれのですか。

② □ で おまちください。

③ ぼくの えんぴつは いったい □ に あるのだろう。

どこ	こちら	それ	この	どれ

---

4 ――を ひいた こそあどことばは どの ことばを さして いますか。その ことばを ○で かこみましょう。（20てん）

① テーブルの 上《うえ》に しんぶんが あります。それを わたしの ところへ もって きて ください。

② わたしは いま きょうしつに います。ともだちに ここに くるように つたえて ください。

これができるとかっこいい!

その ばめんに あった こそあどことばを つかえるように なると かっこいいよ!

第25回

かん字の学しゅう 空・天・木・林

学習日　月　日

得点　／100点

空

8かく

おん　クウ

くん　そら　あく・あける　から

ぶしゅ　穴

ひつじゅん　丶 八 宀 宂 穴 空 空 空

天

4かく

おん　テン

くん　あま・（あめ）

ぶしゅ　大

ひつじゅん　一 二 チ 天

木

4かく

おん　ボク　モク

くん　き　こ

ぶしゅ　木

ひつじゅん　一 十 才 木

林

8かく

おん　リン

くん　はやし

ぶしゅ　木

ひつじゅん　一 十 才 木 木 村 材 林

れんしゅうしよう

□には かん字《じ》を かきましょう。また、（　）には ——を ひいた かん字《じ》の よみがなを かきましょう。（一《ひと》つ10てん）

1 □《もく》よう日《び》の じかんわり。

2 よい □《てん》気《き》が つづく。

3 □□《くうちゅう》に うかぶ ふうせん。

4 □□《さんりん》を きりひらく。

5 □《あ》きかんを ひろう。

6 □《あま》の川《がわ》が 見《み》える。

7 うみの ちかくの まつ□《ばやし》。

8 青《あお》□《ぞら》が ひろがる。

9 木かげで 休《やす》む。（　　）

10 大木が そびえる。（　　）

第26回

文の くみ立て

ようすを あらわす ことば ①

学習日　月　日

得点　／100点

1 つぎの ことばは、どのような ようすを あらわして いますか。ことばと あう えを せんで つなぎましょう。（30てん）

1 ぶるぶる・

2 ひらひら・

3 ふわふわ・

・ア

・イ

・ウ
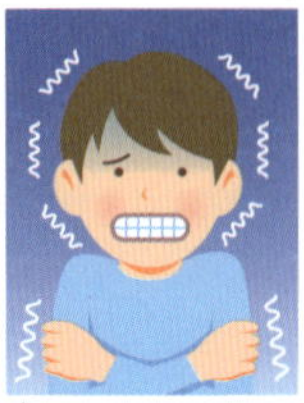

2 つぎの 文《ぶん》に あう ことばを えらび、○で かこみましょう。（30てん）

1 おとうとは、ほめられて、｛にこにこ／ぶんぶん｝して いる。

2 ありは、あつい なつでも ｛さっさ／せっせ｝と はたらく。

3 ｛ぴかぴか／ふかふか｝に みがいた くつ。

3 つぎの 文《ぶん》に あうように、□の 中《なか》から ことばを えらび、かきましょう。（30てん）

1 あしたは たのしい えん足《そく》なので、いまから □ して います。

2 だれも いない こうえんに、小《ちい》さな 女《おんな》の 子《こ》が □ と 立《た》って いる。

3 ここは、人《ひと》の こえで □ して いて、先生《せんせい》の こえが きこえない。

ざわざわ　わくわく　ぽつん

4 つぎの 文《ぶん》に あう ことばを かんがえて、かきましょう。（10てん）

わたしの おにいちゃんは、すききらいを しないで、なんでも □ と おいしそうに たべます。

しっていたら かっこいい！

ようすを あらわす ことばには、ほかにも つぎのような ことばが あるね。どんな ときに つかう ことばかな？

・すやすや　・うとうと
・しとしと　・とぼとぼ
・うきうき　・そわそわ
・いらいら　・もじもじ

第27回

かん字の 学しゅう

森・目・貝・見

森

12かく

おん シン

くん もり

ぶしゅ 木

ひつじゅん 一 十 オ 木 本 本 杢 杢 森 森 森 森

目

5かく

おん モク・(ボク)

くん め・(ま)

ぶしゅ 目

ひつじゅん 丨 冂 月 月 目

貝

7かく

おん ―

くん かい

ぶしゅ 貝

ひつじゅん 丨 冂 月 月 目 貝 貝

見

7かく

おん ケン

くん みる・みえる・みせる

ぶしゅ 見

ひつじゅん 丨 冂 月 月 目 貝 見

学習日　月　日

得点　/100点

れんしゅうしよう

□には かん字《じ》を かきましょう。また、（　）には ——を ひいた かん字《じ》の よみがなを かきましょう。（一《ひと》つ10てん）

1 うつくしい □《かい》がらを ひろう。

2 こうじょうを □《けん》学《がく》する。

3 ことしの □《もく》ひょう。

4 どこまでも ひろがる □《しん》□《りん》。

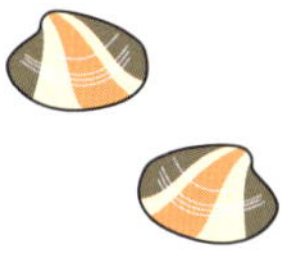

5 □《め》じるしを つける。

6 □《もり》の 中《なか》を あるく。

7 ともだちに 本《ほん》を 見せる。（　　）

8 はかりの 目もり。（　　）

やって みよう

かたちの にて いる かん字《じ》を かきましょう。（20てん）

1 □《かい》・□《み》る

2 □《ひと》・□《はい》る

第28回

ようすを　あらわす　ことば　②

文の　くみ立て

学習日　月　日

得点　／100点

1　つぎの　文《ぶん》に　あうように、［　］の　中《なか》から　ことばを　えらび、かきましょう。（30てん）

1　おとうさんは　せが［　　　　］。

2　うちで　かって　いる　子《こ》ねこは、けが　ふわふわで　とても［　　　　］。

3　ぼくの　おとうとは、リレーの　せん手《しゅ》に　えらばれるほど　足《あし》が［　　　　］。

たかい　はやい　かわいい

2　つぎの　文《ぶん》の　中《なか》から、ようすを　あらわす　ことばを　さがして、かきぬきましょう。（30てん）

1　きょうは　つよい　かぜが　ふいて　いる。［　　　　］

2　わたしの　おとうさんは、いつも　げん気《き》だ。［　　　　］

3　ぼくは、うみで　小《ち》さな　貝《かい》がらを　ひろった。［　　　　］

3 つぎの 文《ぶん》に あうように、□に ようすを あらわす ことばを かきましょう。（30てん）

① おばあちゃんの いえは、ぼくの いえから □□□ ので、車《くるま》で いきます。

② 日《ひ》が くれた あとの 山《やま》みちは とても □□□ ので、なにも 見《み》えない。

③ きて いる ふくが ふるく なったので、□□□□□ ふくを かう。

4 つぎの ようすを あらわす ことばを つかって、みじかい 文《ぶん》を つくりましょう。ことばの かたちを（　）の 中《なか》に あるように かえても かまいません。（10てん）

① まじめだ（まじめな・まじめに）

② うつくしい（うつくしく・うつくしかった）

これができると かっこいい！

ようすを あらわす ことばを つかうと、よむ 人《ひと》に じぶんの つたえたい ことを より くわしく つたえられるよ。

第29回

かん字の 学しゅう
青・赤・金・本

青
8かく
おん セイ・(ショウ)
くん あお・あおい
ぶしゅ 青
ひつじゅん 一 十 丰 丰 青 青 青 青

赤
7かく
おん セキ・(シャク)
くん あか・あかい・あからむ・あからめる
ぶしゅ 赤
ひつじゅん 一 十 土 产 赤 赤 赤

金
8かく
おん キン・コン
くん かね・かな
ぶしゅ 金
ひつじゅん ノ 人 人 今 全 全 金 金

本
5かく
おん ホン
くん もと
ぶしゅ 木
ひつじゅん 一 十 才 木 本

学習日　月　日

得点　／100点

れんしゅうしよう

□には かん字《じ》を かきましょう。また、（　）には ——を ひいた かん字《じ》の よみがなを かきましょう。（一《ひと》つ10てん）

1 お□《かね》を はらう。

2 やさしい □《せい》年《ねん》。

3 □《せき》はんを たべる。

4 □《きん》ぎょを かう。

5 □《ほん》を たくさん よむ。

6 □《かな》づちで くぎを うつ。

7 □《あお》い 空《そら》と 白《しろ》い くも。

8 □《あか》とんぼが とぶ きせつ。

9 おう金（　　）の かんむり。

10 えんぴつを 一本（　　） かう。

第30回

はんたいの いみの ことば

さまざまな ことば

1 ――を ひいた ことばと はんたいの いみの ことばを □に かきましょう。（60てん）

①
あさ 早《はや》く おきる。
よる おそく □□。

②
あかるい へや。
□□□ へや。

③
ごみを すてる。
ごみを □□□。

④
としょかんで 本《ほん》を かりる。
ともだちに 本《ほん》を □□。

⑤
学校《がっこう》に いく。
学校《がっこう》から □□□。

⑥
バスに のる。
バスを □□□。

学習日 月 日

得点 ／100点

2 いたずらずきの イワンコが、はんたいの いみの ことばで はなして います。——を ひいた ことばを なおして、イワンコが 本《ほん》とうに おもって いる ことばを かきましょう。（20てん）

1

この ケーキは、からくて、まずいよ。

この ケーキは、

2

ふゆは、あついから きらいだよ。

ふゆは、

---

3 えを 見《み》て、□に あう ことばを かきましょう。（20てん）

1

おとうさんは せが たかい。
おかあさんは せが □□□。

2

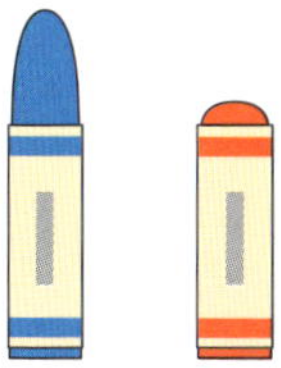

赤《あか》い クレヨンは みじかい。
青《あお》い クレヨンは □□□。

しっていたら かっこいい！

はんたいの いみの ことばは、ほかにも たくさん あるよ。

・よい⇔わるい　・ちかい⇔とおい
・はやい⇔おそい　・おもい⇔かるい

第31回

かん字の 学しゅう

車・気・夕・川

学習日 月 日

得点 ／100点

車

7かく

おん シャ

くん くるま

ぶしゅ 車

ひつじゅん 一 𠃌 冂 一 币 亘 車

気

6かく

おん キ ケ

くん ―

ぶしゅ 气

ひつじゅん ノ 𠂉 𠂉 气 気 気

夕

3かく

おん （セキ）

くん ゆう

ぶしゅ 夕

ひつじゅん ノ ク 夕

川

3かく

おん （セン）

くん かわ

ぶしゅ 川

ひつじゅん ノ 川 川

れんしゅうしよう

□には かん字《じ》を かきましょう。また、（　）には ――を ひいた かん字《じ》の よみがなを かきましょう。（一《ひと》つ10てん）

❶ きょうは □《き》 おんが たかい。

❷ 二人《ふたり》で □《ゆう》□《ひ》を 見《み》る。

❸ □《かわ》ぎしに さく 花《はな》。

❹ いろとりどりの かざ□《ぐるま》。

❺ 人《ひと》の □《け》はいを かんじる。

❻ でん□《しゃ》に のって 出《で》かける。

❼ にしの 空《そら》の □《ゆう》やけ。

❽ 人《にん》□《き》の ある おみせに 入《はい》る。

❾ 車（　　）りんが まわる。

❿ 川下（　　）に むかって あるく。

第32回 。、「」を つかおう①

。（まる）と 、（てん）と 「 」（かぎ）

学習日　月　日

得点　／100点

1 。（まる）と 、（てん）を かく ばしょに 気《き》を つけて かいて みましょう。（10てん）

2 つぎの 文《ぶん》で 。（まる）と 、（てん）の つかいかたが 正《ただ》しい ものの （　）に ○を かきましょう。（40てん）

1
ア（　）きょうは、えん足《そく》に いきました、
イ（　）きょうは、えん足《そく》に いきました。

2
ア（　）この ケーキは、おいしいです。
イ（　）この ケーキは。おいしいです。

3
ア（　）わたしは、この おはなしが 大《だい》すきです。
イ（　）わたしは、この、おはなしが、大《だい》すきです。
ウ（　）わたしは、この おはなしが 大《だい》すきです、

4
ア（　）なつ休《やす》みには、かぞくで、キャンプに、いきます。とても、たのしみです。
イ（　）なつ休《やす》みには、かぞくで キャンプに いきます、とても たのしみです。
ウ（　）なつ休《やす》みには、かぞくで キャンプに いきます。とても たのしみです。

3 つぎの 文《ぶん》は 。（まる）と 、（てん）が ぬけて います。□に 。か 、の どちらかを かきましょう。（30てん）

きのう □ ぼくは 山《やま》のぼりに いきました □

あさから のぼりはじめて □ ちょう上《じょう》に ついた ときは くたくたでしたが □

とおくの 山《やま》まで 見《み》わたせて □ 気《き》もちが よかったです □

4 つぎの 文《ぶん》に 。（まる）と 、（てん）を 二《ふた》つずつ かき入《い》れましょう。（20てん）

やりかた わたしは、どくしょが すきなので、まい日《にち》 一《いっ》さつ よみます。

お正月《しょうがつ》に、おばあちゃんの いえへ いきます たくさんの しんせきが くるので たのしみです。お正月《しょうがつ》の けいかくに ついて おばあちゃんと でんわで はなしあいました

第33回

雨・口・耳・立

かん字の 学しゅう

雨

8かく

おん ウ

くん あめ あま

ぶしゅ 雨

ひつじゅん 一 丆 帀 币 币 雨 雨 雨

口

3かく

おん コウ ク

くん くち

ぶしゅ 口

ひつじゅん 丨 ㄇ 口

耳

6かく

おん (ジ)

くん みみ

ぶしゅ 耳

ひつじゅん 一 丅 下 F 巨 耳

立

5かく

おん リツ・(リュウ)

くん たつ・たてる

ぶしゅ 立

ひつじゅん 丶 亠 亣 立 立

学習日 月 日

得点 /100点

れんしゅうしよう

□には かん字《じ》を かきましょう。また、（　）には ——を ひいた かん字《じ》の よみがなを かきましょう。（一《ひと》つ10てん）

1 □《みみ》もとで ささやく。

2 おもちゃを くみ□《た》てる。

3 □《あめ》の 日《ひ》が つづく。

4 町《まち》の □《じん》□《こう》を しらべる。

5 としょいいんに □《りっ》こうほする。

6 えん足《そく》は □《う》天中《てんちゅう》しだ。

7 雨やどりを する。
（　　　）

8 先生《せんせい》の 口ちょうを まねる。
（　　　）

やって みよう

人《ひと》の からだの ぶぶんを あらわす かん字《じ》を おもいつくだけ あげて みましょう。（20てん）

第34回

。(まる)と 、(てん)と 「 」(かぎ)を つかおう ②

学習日　月　日

得点　／100点

1 「 」(かぎ)を かく ばしょに 気《き》を つけて かいて みましょう。(10てん)

2 つぎの 文《ぶん》の 中《なか》で、人《ひと》が はなして いる ぶぶんに 「 」(かぎ)を つけましょう。(20てん)

おかあさんが、 こぼさないように 気《き》を
つけて。 と いいながら、 ココアを
わたしに くれた。

3 つぎの 文《ぶん》が( )の いみに なるように、正《ただ》しい ところに 、(てん)を 一《ひと》つ かき入《い》れましょう。(20てん)

① (わらって いるのが 「ぼく」に なるように)

ぼくは わらいながら はしる ともだちを
おいかけた。

② (ないて いるのが 「女《おんな》の子《こ》」に なるように)

わたしは なきながら あるいて いる
女《おんな》の子《こ》を よびとめた。

4 つぎの 文《ぶん》には 「 」(かぎ)が ぬけて います。「 」を つかった 文《ぶん》に なおして かきましょう。(30てん)

ぼくは あねに、プールに いこうよ。と いった。あねは いいよ。と こたえた。

---

5 。(まる)と 、(てん)と 「 」(かぎ)を つかった 文《ぶん》を かいて みましょう。(20てん)

これができると かっこいい!

。や 、や 「 」を つかって わかりやすい 文《ぶん》を かけると かっこいいよ!

第35回

ものを　かぞえる　ことば

さまざまな　ことば

1 つぎの　ものと、それを　かぞえる　ときに　つける　ことばを　せんで　むすびましょう。（30てん）

ぞう・		・さつ
からす・		・ひき
ねこ・		・そく
いす・		・とう
くつ・		・わ
本《ほん》・		・きゃく

2 つぎの　文《ぶん》の　□に、ものを　かぞえる　ときに　つける　ことばを　かきましょう。（20てん）

1 おはじきを　一《ひと》□ずつ　ならべる。

2 おとうさんは、車《くるま》を　二《に》□□もって　いる。

3 この　本《ほん》を　よむのは　二《に》□□めです。

4 ごはんを　たべる　ときに　つかう　はしは、一《いち》□□と　かぞえます。

学習日　月　日

得点　／100点

3 かぞえかたに ちゅういして、えの ものの かずを かぞえましょう。（30てん）

やりかた

ねこ

一ぴき

1 人《ひと》

2 はがき

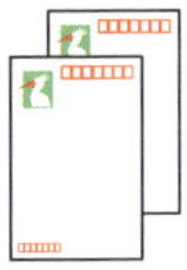

3 いえ

4 「本《ほん》」と いう かぞえかたを つかって、文《ぶん》を 二《ふた》つ つくりましょう。（20てん）

しって いたら かっこいい！

つぎのような ものの かぞえかたも あるよ。おぼえて おくと いいね。

・うさぎ……一《いち》わ
・とうふ……一《いっ》ちょう
・しょくパン……一《いっ》きん
・花《はな》……一《いち》りん
・手《て》がみ……一《いっ》つう

第36回

かん字の 学しゅう 早・草・百・男

学習日 月 日

得点 /100点

早

6かく

おん ソウ・(サッ)

くん はやい・はやまる・はやめる

ぶしゅ 日

ひつじゅん 丨 冂 日 日 旦 早

草

9かく

おん ソウ

くん くさ

ぶしゅ 艹

ひつじゅん 一 十 艹 艹 芇 苩 昔 荳 草

百

6かく

おん ヒャク

くん ―

ぶしゅ 白

ひつじゅん 一 ㄱ 丆 百 百 百

男

7かく

おん ダン・ナン

くん おとこ

ぶしゅ 田

ひつじゅん 丨 冂 冂 冊 田 男 男

れんしゅうしよう

□には かん字《じ》を かきましょう。また、（　）には ——を ひいた かん字《じ》の よみがなを かきましょう。（一《ひと》つ10てん）

1 テストで □《ひゃく》てんを とる。

2 □《そう》げんに 立《た》つ きりん。

3 □《はや》おきを する。

4 クラスの はんぶんは □《だん》□《し》だ。

5 にわの □《くさ》むしりを する。

6 □《おとこ》の 人《ひと》の こえが する。

7 学校《がっこう》を 早たいする。（　　）

8 百かじてんで しらべる。（　　）

やって みよう

つぎの かん字《じ》の なぞなぞに こたえましょう。（20てん）

田《た》んぼで 力《ちから》を 出《だ》す 人《ひと》は だれ？ □

第37回

ことばづかい

ていねいな いいかた ①

1 ていねいな いいかたの ほうを えらび、（ ）に ○を かきましょう。（40てん）

1
ア（ ）ぼくは すなばで あそぶ。
イ（ ）ぼくは すなばで あそびます。

2
ア（ ）ぼくの ペンは どこですか。
イ（ ）ぼくの ペンは どこだ。

3
ア（ ）こうえんまで あるいた。
イ（ ）こうえんまで あるきました。

4
ア（ ）かばんの 中《なか》に 本《ほん》が ない。
イ（ ）かばんの 中《なか》に 本《ほん》が ありません。

2 ——を ひいた ことばを ていねいな いいかたに なおしましょう。（20てん）

れい 学校《がっこう》に いく。→ いきます

1 わたしは チューリップが すきだ。→

2 日《にち》よう日《び》に サッカーを する。→

学習日 月 日

得点 ／100点

3 つぎの ことばを（　　）の ばめんに あう ていねいな いいかたに なおしましょう。（40てん）

1 おはよう。
（あさ 先生《せんせい》に あいさつする とき）

2 にんじんを 三本《さんぼん》 ちょうだい。
（かいものを する とき）

3 生《い》きものの ずかんは どこに あるの。
（としょかんで、本《ほん》の ばしょを たずねる とき）

4 きのうの しゅくだいを わすれた。
（先生《せんせい》に ほうこくする とき）

これが できると かっこいい！
おとなの 人《ひと》には ていねいな いいかたで はなせると かっこいいね！

第38回

かん字の　学しゅう

女・力・王・玉

力

2かく

おん　リョク・リキ

くん　ちから

ぶしゅ　力

ひつじゅん　フ力

女

3かく

おん　ジョ・（ニョ）・（ニョウ）

くん　おんな・（め）

ぶしゅ　女

ひつじゅん　く 女 女

玉

5かく

おん　ギョク

くん　たま

ぶしゅ　玉

ひつじゅん　一 丅 千 王 玉

王

4かく

おん　オウ

くん　—

ぶしゅ　玉

ひつじゅん　一 丅 千 王

学習日　月　日

得点　／100点

れんしゅうしよう

□には かん字《じ》を かきましょう。また、（　）には ――を ひいた かん字《じ》の よみがなを かきましょう。（一《ひと》つ10てん）

1 あすは たい□《りょく》そくていだ。

2 □《じょ》ゆうに あこがれる。

3 □《おう》さまが あらわれる。

4 □《だん》□《じょ》が いっしょに あそぶ。

5 ちちは □《ちから》もちだ。

6 □《みず》□《たま》もようの ふく。

7 きみが いれば 百人力だ。（　　）

8 王子さまと おひめさま。（　　）

やって みよう

つぎの かん字《じ》から せんを 一本《いっぽん》ずつ とって いき、べつの かん字《じ》を つくりましょう。（20てん）

れい 天→大→人

王→□→□

第39回

ことばづかい

ていねいな いいかた ②

1 ――を ひいた ことばを 「ていねいな いいかた」か 「ふつうの いいかた」に なおしましょう。（30てん）

① ごはんを たべる。
↓

② テレビを 見《み》ます。
↓

③ とりが とびました。
↓

2 つぎの しつもんに ていねいな いいかたで こたえましょう。（20てん）

① つぎの 休《やす》みの 日《ひ》には なにを しますか。

② どんな どうぶつが すきですか。

学習日　月　日

得点　／100点

3 つぎの　ことばの　中《なか》で、「お」や　「ご」の　つけかたが　まちがって　いる　ものを　一《ひと》つ　えらび、（　）に　×を　かきましょう。（10てん）

ア（　）ごあいさつ
イ（　）ごねえさん
ウ（　）おたんじょう日《び》
エ（　）ごいけん
オ（　）お名《な》まえ

4 ことばづかいの　正《ただ》しい　文《ぶん》を　えらび、（　）に　○を　かきましょう。（10てん）

1
ア（　）おごはんを　つくります。
イ（　）ごはんを　つくります。

2
ア（　）へやまで　ごあんないします。
イ（　）へやまで　おあんないします。

5 ミルマリが　先生《せんせい》に　手《て》がみを　かきました。先《せん》生《せい》への　手《て》がみとして　まちがって　いる　ところに　×を　つけて、よこに　正《ただ》しく　かきなおしましょう。（まちがいは　ぜんぶで　三《みっ》つ　あります。）（30てん）

先生《せんせい》、おげん気《き》かしら。日《にち》よう日《び》は　はっぴょうかいに　きて　くださり、おありがとう　ございました。たくさんの　人《ひと》に　きて　もらい、うれしかったのですが、とても　きんちょうした。

ミルマリ

第40回

さまざまな ことば

ことわざ／かんようく

学習日 月 日

得点 ／100点

1 つぎの ことばは ことわざです。□に あてはまる どうぶつの 名《な》まえを あとの の 中《なか》から えらび、かきましょう。（40てん）

① □の ぎょう水《ずい》

いみ おふろに 入《はい》って いる じかんが みじかい。

② のう ある □は つめを かくす

いみ 本《ほん》とうに 力《ちから》の ある 人《ひと》は それを かくす。

③ □も 木《き》から おちる

いみ 上手《じょうず》な 人《ひと》でも ときには しっぱいする。

④ □に 小《こ》ばん

いみ ものの かちを しらない ものが それを もって いても しかたない。

さる からす ねこ たか

2 つぎの ことばは かんようくです。正《ただ》しく つかわれて いる ほうを えらび、（　）に ○を かきましょう。（30てん）

1 足《あし》が ぼうに なる

ア（　）力《ちから》が ついて 足《あし》が ぼうに なった。

イ（　）あるきすぎて 足《あし》が ぼうに なった。

2 口《くち》が すべる

ア（　）つい うっかり 口《くち》が すべった。

イ（　）よく かんがえたので 口《くち》が すべった。

3 手《て》に あまる

ア（　）この もんだいは むずかしく、わたしの 手《て》に あまる。

イ（　）へやの かたづけは すぐに おわり、わたしの 手《て》に あまった。

3 つぎの □に 入《はい》る ことばを あとの □の 中《なか》から えらび、かきましょう。（30てん）

あかりは、うたが とても 上手《じょうず》ね。先生《せんせい》も □を まいて いたわ。先生《せんせい》に ほめられて、おかあさん も □が たかいわ。

目《め》　はな　手《て》　した

第41回

犬・村・町・竹

かん字の 学しゅう

学習日 月 日

得点 /100点

犬	
4かく	
おん	ケン
くん	いぬ
ぶしゅ	犬
ひつじゅん	一 ナ 大 犬

村	
7かく	
おん	ソン
くん	むら
ぶしゅ	木
ひつじゅん	一 十 才 木 朩 村 村

町	
7かく	
おん	チョウ
くん	まち
ぶしゅ	田
ひつじゅん	丨 冂 冊 田 田 田一 町

竹	
6かく	
おん	チク
くん	たけ
ぶしゅ	竹
ひつじゅん	ノ 𠂉 ケ 竹 竹 竹

れんしゅうしよう

□には かん字《じ》を かきましょう。また、（　）には ――を ひいた かん字《じ》の よみがなを かきましょう。（一《ひと》つ10てん）

1 □《ちょう》ないを ねりあるく。

2 □□《ちくりん》へと つづく みち。

3 かしこい もうどう□《けん》。

4 □《たけ》うまに のる。

5 かい□《いぬ》と あそぶ。

6 □《むら》まつりが ひらかれる。

7 村ちょうを きめる せんきょ。（　　）

8 下町を さんぽする。（　　）

やってみよう

つぎの かん字《じ》に てんを 一《ひと》つ 足《た》して べつの かん字《じ》を つくりましょう。（20てん）

1 大→□

2 王→□

第42回

かん字の れんしゅう
かん字《じ》を もっと しろう ①

学習日　月　日

得点　/100点

1 上《うえ》と 下《した》の □の 中《なか》の かたちを くみあわせて、かん字《じ》を つくります。できた かん字《じ》を □に かきましょう。（40てん）

① 木 ＋ 一 → □

② 夕 ＋ 口 → □

③ 一 ＋ 白 → □

④ 立 ＋ 日 → □

⑤ 亠 ＋ 八 → □

⑥ ナ ＋ エ → □

⑦ 宀 ＋ 子 → □

⑧ 宀 ＋ ハ ＋ エ → □

2 つぎの かん字《じ》の 中《なか》には べつの かん字《じ》が（　）の かずだけ かくれて います。かくれて いる かん字《じ》を □に かきましょう。（ただし、「一」と いう かん字《じ》は、こたえに なりません。）

（30てん）

1 足《あし》（一《ひと》つ）

2 森《もり》（二《ふた》つ）

3 田《た》（二《ふた》つ）

3 つぎの かん字《じ》は、一《ひと》つの ぶぶんが かけて います。かけて いる ぶぶんを かき足《た》しましょう。

（30てん）

1 とし

2 しろ

3 円 えん

4 十 せん

5 みみ

6 王 せい

第43回

かん字の 学しゅう

円・音・白・年

学習日
月 日

得点
／100点

円

4かく

おん エン
くん まるい

ぶしゅ 冂

ひつじゅん
丨 冂 円 円

音

9かく

おん オン・（イン）
くん おと ね

ぶしゅ 音

ひつじゅん
丶 亠 㐄 立 立 产 音 音 音

白

5かく

おん ハク・（ビャク）
くん しろ・しら しろい

ぶしゅ 白

ひつじゅん
丿 亻 白 白 白

年

6かく

おん ネン
くん とし

ぶしゅ 干

ひつじゅん
丿 𠂉 𠂉 午 左 年

れんしゅうしよう

□には かん字《じ》を かきましょう。また、（　）には ——を ひいた かん字《じ》の よみがなを かきましょう。（一《ひと》つ10てん）

1 □《しろ》い 犬《いぬ》。

2 □《おん》がくの じかん。

3 □《とし》こしそばを たべる。

4 □《はく》しの とうあん。

5 □□□《いちねんせい》の きょうしつ。

6 □□□《ひゃくえんだま》が 三《さん》まい ある。

7 円い テーブル。（　　）

8 うつくしい 音いろ。（　　）

やって みよう

いろを あらわす かん字《じ》を おもいつくだけ あげて みましょう。（20てん）

第44回

かん字の れんしゅう

かん字《じ》を もっと しろう ②

学習日　月　日

得点　／100点

1 上《うえ》と 下《した》の □には、おなじ かたちを もつ かん字《じ》が 入《はい》ります。□に あてはまる かん字《じ》を かきましょう。（70てん）

1. □《がく》しゃ ― かん□《じ》
2. のう□《そん》 ― □《こう》しゃ
3. □《そう》げん ― □《はな》たば
4. □《あま》の川《がわ》 ― 子《こ》□《いぬ》
5. □《かい》がら ― そとを □《み》る
6. ふじ□《さん》 ― □《しゅっ》せき
7. へやの □《なか》 ― □《むし》かご

2 つぎの カードの 中《なか》から 二《に》まいずつ くみあわせて かん字《じ》を 五《いつ》つ つくり、下《した》の □に かきましょう。ただし、おなじ カードを 二《に》かい つかっては いけません。（30てん）

れい 日 ＋ 十 → 早

田　木　工　日　气　穴　木　メ　圭　亻　丁　月

早

これが できると かっこいい！

かん字《じ》は いくつかの ぶぶんから できて いるんだね。それぞれの ぶぶんの はねや はらいに ちゅういして かけると かっこいいよ！

第45回

かん字の 学しゅう
火・休・千・糸

火

4かく

おん カ
くん ひ・(ほ)

ぶしゅ 火

ひつじゅん 丶 丷 火 火

休

6かく

おん キュウ
くん やすむ・やすまる・やすめる

ぶしゅ 人

ひつじゅん 丿 亻 仁 什 休 休

千

3かく

おん セン
くん ち

ぶしゅ 十

ひつじゅん 丿 二 千

糸

6かく

おん シ
くん いと

ぶしゅ 糸

ひつじゅん く 幺 幺 糸 糸 糸

学習日 月 日

得点 /100点

れんしゅうしよう

□には かん字《じ》を かきましょう。また、（　）には ――を ひいた かん字《じ》の よみがなを かきましょう。（一《ひと》つ10てん）

1 □《はな》□《び》を 見《けん》ぶつする。

2 □《きゅう》けいの じかんに なる。

3 きぬ□《いと》を おりこむ。

4 あすは □《か》よう日《び》だ。

5 なつ□《やす》みが はじまる。

6 □《せん》□《ねん》まえの ものがたり。

7 きれいな もようの 千（　　）よがみ。

8 きず口《ぐち》の ばっ糸（　　）を する。

やって みよう

つぎの かん字《じ》の なぞなぞに こたえましょう。（20てん）

人《ひと》が 木《き》の そばで する ことは なあに？

□む

第46回

かん字の れんしゅう

かん字《じ》を もっと しろう ③

1 正《ただ》しい ひつじゅんを えらび、（　）に ○を かきましょう。（20てん）

① 上
ア（　）丨ト上
イ（　）丶ト上

② 女
ア（　）く女女
イ（　）一女女

③ 右
ア（　）一ナ才右右
イ（　）ノナ才右右

④ 円
ア（　）丨冂冂円
イ（　）丨冂冂円

2 つぎの かん字《じ》の いろが こく なって いる ぶぶんは なんばんめに かきますか。かん字《じ》の すう字《じ》で かきましょう。（30てん）

① 赤　□ばんめ

② 車　□ばんめ

③ 雨　□ばんめ

学習日　月　日

得点　／100点

3 ――を ひいた 字《じ》を ヒントに して、つぎの かん字《じ》の なぞなぞに こたえましょう。（30てん）

1 白《しろ》に 一《いち》を 足《た》すと できる すう字《じ》は なに？ □

2 この よで 一《いち》ばん 大《おお》きな ものは なに？ □

3 にんじゃの くの一《いち》は どんな 人《ひと》？ □

4 かん字《じ》が ぶぶんごとに ばらばらに なって います。三《みっ》つの ぶぶんを あわせて できる、もとの かん字《じ》を □に かきましょう。（20てん）

1 口 力 十 → □

2 十 日 艹 → □

3 木 父 亠 → □

4 匕 艹 亻 → □

第47回

さまざまな ことば

正《ただ》しい 文《ぶん》に なおそう

1 イーマルから つぎのような 手《て》がみが とどきました。もっと よい 手《て》がみに なるように 文《ぶん》を なおして あげましょう。（60てん）

きのお、山《やま》え あそびに いったよ。天気《てんき》が よくて、ぜんぜん たのしかったよ。くりを たくさん ひろったから もって いくね。

イーマル

(1) 一《ひと》つめの 文《ぶん》には、かきかたの まちがいが あります。まちがって いる ところに ×を つけて、よこに 正《ただ》しく かきなおしましょう。

きのお、山《やま》え あそびに いったよ。

(2) ――を ひいた 「ぜんぜん」を、文《ぶん》に あう 正《ただ》しい ことばに なおしましょう。

(3) 三《みっ》つめの 文《ぶん》に、「、」を 一《ひと》つ つけましょう。

くりを たくさん ひろったから もって いくね。

学習日 月 日

得点 ／100点

2 つぎの 文《ぶん》の ——を ひいた ことばには、まちがいが あります。正《ただ》しい 文《ぶん》に かきなおしましょう。（30てん）

1 きのうは 雨《あめ》が ふります。

2 ぼくは いしゃが なりたい。

3 わたしは、ようちえんへ いもうとが むかえに いきます。

3 つぎの 文《ぶん》の 中《なか》には かきかたの まちがいが 二《ふた》つ あります。まちがって いる ところに × を つけて、よこに 正《ただ》しく かきなおしましょう。（10てん）

うんどーかいでは、一年生《いちねんせい》の みんなで ダンスを しました。また、六年生《ろくねんせい》が 出《で》た リレエの ときは、赤《あか》ぐみを おうえんしました。さいごは、赤《あか》ぐみが ゆうしょうしたので、とても うれしかったです。

これができると かっこいい！

文《ぶん》を かいた あと、もう 一《いち》ど 見《み》なおしを すると、まちがいが へるよ。まちがいの ない 文《ぶん》を かけると かっこいいよ！

ひらがな・かたかなひょう

ひらがな

あいうえお
かきくけこ
さしすせそ
たちつてと
なにぬねの

かたかな

アイウエオ
カキクケコ
サシスセソ
タチツテト
ナニヌネノ

は ひ ふ へ ほ
ま み む め も
や （い） ゆ （え） よ
ら り る れ ろ
わ （い） （う） （え） を
ん

ハ ヒ フ ヘ ホ
マ ミ ム メ モ
ヤ （イ） ユ （エ） ヨ
ラ リ ル レ ロ
ワ （イ） （ウ） （エ） ヲ
ン

字《じ》の　かたちに　ちゅうい　して　かけると、かっこいいよ！

Z会グレードアップ問題集
小学1年　国語　漢字・言葉

初版　第1刷発行　2013年2月1日
初版　第17刷発行　2022年10月10日

編者　Z会指導部
発行人　藤井孝昭
発行所　Z会
〒411-0033　静岡県三島市文教町1-9-11
【販売部門：書籍の乱丁・落丁・返品・交換・注文】
TEL　055-976-9095
【書籍の内容に関するお問い合わせ】
https://www.zkai.co.jp/books/contact/
【ホームページ】
https://www.zkai.co.jp/books/
装丁　Concent, Inc.
（山本泰子，中村友紀子）
表紙撮影　髙田健一（studio a-ha）
印刷所　シナノ書籍印刷株式会社

ISBN　978-4-86290-107-1

かっこいい小学生になろう

Z会
グレードアップ
問題集

小学1年

国語

漢字・言葉

解答・解説

解答・解説の使い方

答え
1 十　2 字　3 文　4 九　5 十
6 九　7 く　8 もん

やってみようの答え
一　二　三　四　五　六　七　八　九　十

第7回　のばす音

考え方
オ列の長音は、「おうじ（王子）」「ぶどう」のように、オ列のひらがなに「う」を添えて書きます。ただし、「こおり（氷）」「おおきい（大きい）」「とおり（通り）」のような例外もあります。
また、ひらがなでは、伸ばす音の記号「ー」は原則として使いません。「ー」を使っていたら、ひらがなに置き換えるように指導してください。

答え
1　1 こおり　2 おうじ　3 とけい　4 けいと　5 えいが　6 ゆうひ　7 ぶどう
2　1 イ　2 ア　3 イ　4 ア
3　17ページ参照

ポイント①
答えでは、正解を示しています。

ポイント②
考え方では、各設問のポイントやアドバイスを示しています。

ポイント③
「○ページ参照」となっている設問は、あとのページに画像で正解を示しています。

保護者の方へ

この冊子では、**問題の答え**と、**各回の学習ポイント**などを掲載しています。問題に取り組む際や丸をつける際にお読みいただき、お子さまの取り組みをあたたかくサポートしてあげてください。

本書では、教科書よりも難しい問題を出題しています。お子さまが解けた場合は、いつも以上にほめてあげて、お子さまのやる気をさらにひきだしてあげることが大切です。

第1回 一・二・三・四

考え方

ひとつ・ふたつ・みっつ……という読み方も覚えるとよいでしょう。

答え

1 三　2 二　3 一　4 二　5 一
6 四　7 三　8 四　9 み　10 よん

第2回 ものの 名まえ ①

考え方

1は、字形の難しいひらがなです。まずは、うすくなっているものをなぞってもらい、それぞれの字形を手になじませましょう。4は、本来かたかなで書くものを「はんばーぐ」などとひらがなで書いていたり、字形が多少不自然であったりしても、好きなものを書けていれば○としてください。

答え

2 1 くるま　2 かえる　3 うちわ　4 すいか
3 1 ア　2 ウ　3 イ　4 ア
4 1 【例】りんご・きゅうり・にくじゃが・うどん
2 【例】じてん車・でん車・ひこうき・ふね

第3回 五・六・七・八

考え方

第1回の「一・二・三・四」と同じく、「五・六・七・八」も数字の下につく言葉によって、読み方が変わります。下に「…つ」「…日」といった言葉がつくとき、それぞれどのように読み方が変わるか、確認してあげてください。

答え

1 八　2 六　3 七　4 五　5 七五三
6 八　7 五　8 六　9 はち　10 むい

第4回 ゛と゜/小さく かく 字

考え方

濁点（゛）や半濁点（゜）は、文字の右上に書くことを徹底させましょう。小さい「ゃ」「ゅ」「ょ」の字の位置も注意して見てあげてください。3は、声に出してゆっくり読んでみると、取り組みやすいでしょう。

4について、思いつかないようであれば、身のまわりを探してみるようアドバイスしてあげてください。また、ここでは、本来かたかなで書くべきものをひらがなで書いていても、「ゃ」「ゅ」「ょ」や「っ」のつく言葉であれば○としてください。

答え

1 い・よ・ね・も・ら

2 とんぼ・びょういん・かぼちゃ （順不同）

3 17ページ参照

4 1 【例】ちゃわん・おもちゃ・きんぎょ・ちゅうしゃ
2 【例】がっこう・にっき・きって・せっけん

第5回 おなじ 音の ことば

考え方
同じ音の言葉でも、文脈によって使い分けていることを意識しましょう。

答え

1 1 ア 2 イ

2 はし

3 1 イ 2 ア 3 イ 4 ア 5 ウ

第6回 九・十・文・字

考え方
1の「十本」は「じっぽん」と読むことに注意します。

答え

1 十 2 字 3 文 4 九 5 十 6 九 7 く 8 もん

やってみよう の答え

一 二 三 四 五 六 七 八 九 十

第7回 のばす 音

考え方
オ列の長音は、「おうじ（王子）」「ぶどう」のように、オ列のひらがなに「う」を添えて書きます。ただし、「こおり（氷）」「おおきい（大きい）」「とおり（通り）」のような例外もあります。
また、ひらがなでは、伸ばす音の記号「ー」は原則として使いません。「ー」を使っていたら、ひらがなに置き換えるように指導してください。

答え

1 1 こおり 2 おうじ 3 とけい 4 けいと 5 えいが 6 ゆうひ 7 ぶどう

2 1 イ 2 ア 3 イ 4 ア

3 17ページ参照

第8回 日・山・土・大

答え
1 山
2 土
3 大
4 日
5 土
6 山
7 日
8 大
9 おお
10 みっか

第9回 ものの 名まえ ②／あいさつ

考え方
身のまわりの言葉は、「食べ物」「動物」といった仲間に分けられるということを意識できるとよいでしょう。4のあいさつでは、「こんにちわ」「おはよおございます」「さよーなら」といった書き取りの間違いがないか見てあげましょう。

答え
1 1 【例】みかん・もも・なし・りんご
2 【例】にんじん・じゃがいも・きゅうり・だいこん
2 1 【例】すなば・すべりだい・花だん・てつぼう
2 【例】つくえ・こくばん・いす・たいいくかん
3 17ページ参照
4 【例】おはようございます・いってきます・いただきます・ごちそうさまでした・さようなら・おやすみなさい

第10回 人・入・上・下

考え方
「人」と「入」は字形が似ているので、区別して覚えるよう指導しましょう。やってみようは、【別解】を答えていても○としてください。

答え
1 上下
2 人
3 入
4 人
5 下
6 入
7 かみ
8 い

やってみようの答え
十→土
【別解】十→千・十→士・十→干

第11回 しりとり／ことばさがし

考え方
1は、答え以外の言葉を書いていても、しりとりになっていれば○としてください。どうしても思いつかないような場合には、適宜ヒントを出してあげるとよいでしょう。3については、「そら」など、答え以外の言葉をあげていても、絵の状況と合っていれば○としてください。

答え

1 (1)しか (2)かがみ (3)きつね (4)ねこ (5)ごはん

2 うさぎ・くま・ねずみ

3 き・とんぼ・くも・はな・すずめ・やま・たぬき・くさ・うさぎ・いわ（同じ字数のものは順不同）

第12回 ことばの なかまわけ

考え方

仲間分けの活動をとおし、上位概念語・下位概念語のことを意識しましょう。

1や2については、「(1)は、どんな言葉の仲間かな？」などと問いかけ、まとめてよぶ言い方を確認してもよいでしょう。3のまとめてよぶ言い方については、答え以外の言葉を書いていても、内容がわかっていれば○としてください。

答え

1 (1)火 (2)花 (3)月 (4)めだか

2 (1)さる (2)じょうぎ (3)トラック

3 (1)やさい (2)からだ

4 (1)【例】チョコレート・ケーキ・はちみつ・ドーナッツ (2)【例】いるか・くじら・たこ・かに

第13回 中・名・子・出

考え方

(9)の「みょうじ」など、特殊な読み方に注意します。

答え

(1)名 (2)子 (3)中 (4)出 (5)中 (6)名人 (7)出 (8)子 (9)みょうじ (10)だ

第14回 かたかなで かく ことば ①

考え方

「ア」と「マ」、「シ」と「ツ」は、混同して書いてしまうことの多いかたかなです。しっかり書き分けられるように指導してあげましょう。また、かたかなで書くのは、原則として外来語や擬音語・擬声語です。どのような言葉をかたかなで書くのかを意識できるとよいでしょう。

答え

2 (1)リボン (2)プリン (3)ピアノ (4)パンダ

3 (1)ウ (2)ア (3)ウ (4)イ

4 【例】オレンジ・ラーメン・レタス・クッキー

第15回 手・足・虫・左

考え方

「左」の一画めは横棒です。正しい筆順で書けているかを見てあげましょう。9「足す」という読み方にも注意します。

答え

1 虫　2 手　3 左　4 足　5 手足
6 虫　7 左　8 足　9 た　10 どそく

第16回 かたかなで かく ことば ②

考え方

かたかなで書く言葉を国語辞典で調べてみると、どの言葉がどの国からきた言葉なのかわかります。英語であることが多いですが、意外な国の言葉であることもありますから、お子さまと一緒に調べてみても楽しいでしょう。3は、答えにあげられている言葉以外でも、絵の状況にあっていれば○としてください。

答え

1 17ページ参照
2 17ページ参照
3 【例】ノート・ペン・チョーク・ランドセル・カーテン・サッカーボール・リボン

第17回 音を あらわす ことば

考え方

音を表す擬音語・擬声語は、かたかなで書くのが原則です。一般の書物では、著者の意向によりあえてひらがなで書く場合もありますが、基本的にはかたかなで書くことを教えてあげましょう。
また、犬の鳴き声を日本語では「ワンワン」、英語では「バウワウ」と表現するように、擬音語の表現に正解はありません。同じ音を聞き、それをかたかなで表すならどうなるか、一緒に考えてみてもよいでしょう。お子さまが新しい擬音語を作っていたら、その自由な発想をほめてあげてください。

答え

1 1 ゴロゴロ　2 ドンドン　3 ザーザー
2 1 バシャバシャ　2 ミシミシ　3 ヒューヒュー
3 【例】とけいが、カチカチとうごいている。
【例】じゃ口からポトポトと水がたれている。
【例】子どもが、パチパチと手をたたく。
【例】でん車が、ゴトンゴトンとやってくる。
【例】じてん車のベルをチリンチリンとならす。

第18回 右・石・生・正

考え方

4の「左右」は、字の順序と読み方に注意します。また、「右」は、「左」と筆順が異なります。正しい筆順で書けているかを見てあげましょう。

答え

1 正　2 石　3 生　4 左右　5 石
6 正　7 生　8 石
9 う　10 いっしょう

第19回 なにが／どう　する・どんなだ

考え方

主語・述語は、くわしくは二年生で学習します。やや発展的な内容のため、「花は」と答えるべきところを「花」と答えていたり、「いもうとが」と答えるべきところを「ぼくのいもうとが」と答えていたりするかもしれませんが、まずは、その言葉に着目できたことをほめてあげましょう。

また、述語については、まずは主語を見つけてから、「その主語に対応するもの」という意識で探すようにアドバイスしてあげましょう。

答え

1
1 花は　2 いもうとが　3 ちょうが

2
1 あそんだ　2 ふる　3 おいしい

3
1 (なには) きょうしつは (どんなだ) しずかだ
2 (なにが) かぜが (どう　する) ふく
3 (なには) ふくは (どんなだ) かわいい
4 (だれは) ぼくは (どう　する) した
5 (だれは) おとうさんは (どんなだ) やさしい

第20回 小・先・学・校

考え方

3の「先生」は、字の順序が合っているか確認しましょう。また、やってみようでの取り組みのように、一年生で習う漢字の中で反対の意味をもつ漢字を探してもらってもよいでしょう。

答え

1 先　2 小　3 先生　4 小　5 小学校
6 校　7 お　8 まな

やってみようの答え

1 右⇕左
2 大⇕小

第21回 「は」「を」「へ」

考え方

助詞「は」「を」「へ」は、音と表記が異なるため、一年生にとっては間違えやすい言葉です。「わ」「お」「え」との使い分けは、「言葉の下につく場合と、言葉の中に出てくる場合とで違う」ということが原則ですが、その原則を頭で覚えるよりは、たくさんの文を読む中で自然と身につけていくほうがよいでしょう。

答え

1 ①へ ②は ③を

2 ①おじいちゃんを いえまで おくる。
②わたしは、わりばしで やきそばを たべた。
③にわには、二わの にわとりが います。

3 17ページ参照

4 ①わたしたちは、学校にへとうちゃくした。
②学校からのかえりみち、ぼくはてんとう虫を見つけました。

第22回 水・花・田・月

考え方

「水」の筆順や字形に気をつけて見てあげましょう。

答え

①花 ②月 ③水田 ④一月 ⑤水 ⑥花 ⑦水 ⑧田 ⑨みず ⑩つき

第23回 つなぎことば

考え方

「つなぎことば」は、小学校中学年では、「接続語」として学習します。「接続語」は、文章の中で、文と文との関係を示す大切な役割をする言葉です。前後の内容が順接の関係である場合は「だから」、逆接の関係である場合は「でも」、前後の内容からどちらかを選ぶ場合は「または」というように、さまざまな接続語があります。前後の内容がどのような関係になっているのかを意識できるようになるとよいでしょう。

また、「でも」と「しかし」など、同じ役割をする別の言葉があることをアドバイスしてあげてもよいでしょう。

答え

1 ①でも ②そして ③または ④ところで ⑤だから ⑥のに

2 ①ア ②ア ③イ

3 ①【例】でも・しかし・ところが
②【例】または・それとも・あるいは

第24回 こそあどことば

考え方

ふだん、何気なく使っているこそあど言葉を学習します。「これ」「それ」「あれ」「どれ」をどのように使い分けているか、お子さまに考えてもらいましょう。

4は少し難しいかもしれませんが、「それ」「ここ」のかわりに文にあてはめても、文の意味が変わらない言葉が答えです。一つ一つの言葉をあてはめながら、確かめてもらいましょう。

答え

1 18ページ参照
2 ① これ ② それ ③ どれ
3 ① この ② こちら ③ どこ
4 ① しんぶん ② きょうしつ

第25回 空・天・木・林

考え方

「木」に「き」「こ」「もく」「ぼく」という四つの読み方があるように、それぞれの漢字にはいくつもの読み方があります。送りがなや熟語によって、読み方が変わることを教えてあげるとよいでしょう。

答え

① 木 ② 天 ③ 空中 ④ 山林 ⑤ 空
⑥ 天 ⑦ 林 ⑧ 空 ⑨ こ ⑩ たいぼく

第26回 ようすを あらわす ことば①

考え方

「ようすを あらわす ことば」は、小学校中学年では「修飾語」として学習します。品詞でいうと、名詞を修飾する形容詞・形容動詞や、動詞を修飾する副詞がそれにあたります。

今回は主に、動詞を修飾する副詞の一種である擬態語をあつかいます。それぞれの言葉がどのような様子を表しているのかをおさえるとともに、日本語の豊かさを味わってもらいましょう。お子さまに、ほかに知っている擬態語をあげてもらってもよいでしょう。言葉の幅が広がることで、自分で文章を書くとき、より生き生きとした表現ができるようになります。

答え

1 ① ウ ② ア ③ イ
2 ① にこにこ ② せっせ ③ ぴかぴか
3 ① わくわく ② ぽつん ③ ざわざわ
4 【例】もぐもぐ・むしゃむしゃ・ぱくぱく

第27回　森・目・貝・見

考え方

「目」「貝」「見」など、字形の似た漢字は区別して覚えるように意識させるとよいでしょう。

答え

1 貝　2 見　3 目　4 森林　5 目
6 森　7 み　8 め

やってみようの答え

1 貝・見る　2 人・入る

第28回　ようすを　あらわす　ことば ②

考え方

今回は、主に形容詞・形容動詞をあつかいます。それぞれの反対の意味を表す言葉を考えてもらうと、より学習が深まるでしょう。**2**は少し難しいかもしれませんが、答えにくそうな場合は、たとえば1についてであれば「どんなかぜなのかな？」などとアドバイスをしてあげてください。

答え

1　1 たかい　2 かわいい　3 はやい
2　1 つよい　2 げん気だ　3 小さな
3　1 とおい　2 くらい　3 あたらしい
4　1 【例】ぼくのあには、まい日まじめにべんきょうしている。
2 【例】きょうの夕日は、とてもうつくしい。

第29回　青・赤・金・本

考え方

一年生で習う漢字は80字です。最初に習うのは漢数字のような単純なものが多いですが、しだいに、画数の多いものや「はね」や「はらい」、「とめ」といった、書き方の複雑なものが増えてきます。筆順や書き方に注意しながら、一つ一つ丁寧に書くように指導してください。

今回、習う漢字であれば、「赤」「金」の筆順や字形が正しいかを丁寧に見てあげるとよいでしょう。

答え

1 金　2 青　3 赤　4 金　5 本
6 金　7 青　8 赤　9 ごん　10 いっぽん

第30回 はんたいの いみの ことば

考え方

形容詞・動詞の対義語を学習します。日常的に使われている言葉ですから比較的容易ですが、難しいようであれば、最初の一字を教えてあげたり、具体的な場面を想像させたりと、アドバイスをしてあげてください。

対義語を知ることは、日常においても今後の学習においても大切です。この回であげている言葉以外にどんなものがあるか、お子さまに探してもらうのもよいでしょう。

答え

1 ①ねる ②くらい ③ひろう ④かす ⑤かえる ⑥おりる

2 ①(この ケーキは、)あまくて、おいしいよ。 ②(ふゆは、)さむいからすきだよ。

3 ①ひくい ②ながい

第31回 車・気・夕・川

考え方

「気」の字形に気をつけて見てあげましょう。

答え

1 ①気 ②夕日 ③川 ④車 ⑤気 ⑥車 ⑦夕 ⑧気 ⑨しゃ ⑩かわしも

第32回 。、「」を つかおう①

考え方

句点(。)は、文章を書くうえでの基本です。文の終わりには句点をつけることを徹底させましょう。

句点に比べると、読点(、)には絶対的なルールがないため、一年生にはやや難しい課題と言えます。まずは文を声に出して読んでもらい、文の区切れを意識するようアドバイスしてあげてください。

また、第34回の3で取り組むように、読点を打つ位置によって、文章の意味が変わってしまう場合があります。自分の伝えたい文章にするためには、どの文節で区切ればよいか、どの文節をつなげるべきかを考えてもらいましょう。

答え

2 ①イ ②ア ③ア ④ウ

3 18ページ参照

4 18ページ参照

第33回 雨・口・耳・立

考え方

やってみようは、一年生で習う漢字として「目・耳・口・手・足」を答えとしていますが、二年生以上で習うものを答えていてもかまいません。

答え

1 耳　2 立　3 雨　4 人口　5 立
6 雨　7 あま　8 く

やってみようの答え

【例】目・耳・口・手・足

第34回 。、「」を つかおう ②

考え方

まずは、人の言った言葉には「　」をつけるというルールを徹底させます。「　」の表記の原則は、〈改行し、「　」内の二行目以降は一ます下げて書く〉というものですが、一般の書籍ではこのルールから外れる表記をよく見かけますし、学校でもルールとして扱わないケースもあります。一応の原則として理解しておくようにしましょう。

なお、人の言った言葉に「　」をつけるというルールを理解しているかを確認するため、**2**では、「　」で改行させていません。

答え

2 18ページ参照
3 18ページ参照
4 18ページ参照
5 19ページ参照

第35回 ものを かぞえる ことば

考え方

身近なものの数え方（助数詞）を学習します。ものによって数え方が異なることを知り、数え方に興味をもってもらえるようにしましょう。多くの動物が「〜ひき」「〜とう」と数えるのに対し、うさぎは「〜わ」と数えるなど、少し特殊な数え方も教えてあげるとよいでしょう。

答え

1 19ページ参照
2 1 つ　2 だい　3 かい　4 ぜん
3 1 三人　2 二まい　3 一けん
4 【例】ぼくは、えんぴつを五本かいます。
【例】かさを一本もって出かける。

第36回 早・草・百・男

考え方

第42・44・46回でも取り組みますが、今回の やってみよう のように、漢字の部分や形を意識するようにすると、漢字の学習が楽しくなるでしょう。

答え

1 百　2 草　3 早　4 男子　5 草

6 男　7 そう　8 ひゃっ

やってみよう の答え

男

第37回 ていねいな いいかた ①

考え方

常体（普通の言い方）と敬体（丁寧な言い方）の違いを、主に文末に注目して学習します。どういったときに敬体を使うのか、身近な場面を想像しながら考えてもらうとよいでしょう。

なお、答え以外の言葉を書いていても、丁寧な言い方になっていれば○とします。

答え

1 1 イ　2 ア　3 イ　4 イ

2 1 すきです　2 します

3 1 おはようございます。

2 にんじんを三本ください。

3 生きもののずかんはどこにありますか。

4 きのうのしゅくだいをわすれました。

第38回 女・力・王・玉

考え方

「王」と「玉」は、点の有無の違いです。区別して覚えるように指導しましょう。また、「女」は、字形の難しい漢字です。字形についてアドバイスしてあげるとよいでしょう。

答え

1 力　2 女　3 王　4 男女　5 力

6 水玉　7 ひゃくにんりき　8 おうじ

やってみよう の答え

王→土→十

【別解】王→土→二・王→三→二・王→干→十・王→干→二

第39回 ていねいな いいかた②

考え方

丁寧な言い方を普通の言い方に直すのは、一年生にとっては意外に難しいものです。なかなか答えられない場合は、ヒントを与えてください。また、「お」「ご」の接頭語については、まずは、ものの名前に「お」「ご」をつけることで、丁寧な言い方になるのだということを理解してもらうようにしましょう。

答え

1 ①たべます ②見る ③とんだ
2 ①【例】ともだちとこうえんであそびます。 ②【例】ねこなどのかわいいどうぶつがすきです。
3 イ
4 ①イ ②ア
5 19ページ参照

第40回 ことわざ／かんようく

考え方

ことわざは、古くから言い伝えられてきた、教訓をふくんだ短い言葉です。語呂がよく作られていますので、ぜひ声に出して読んでみてください。ことわざに親しむきっかけになるように、ことわざ辞典で調べるなどしながら楽しく取り組みましょう。

一方、慣用句は、二つ以上の語がひとかたまりになって、特別な意味を表す言葉です。代表的なものをあげていますから、どのような意味で使われる言葉なのかをおさえておくとよいでしょう。

答え

1 ①からす ②たか ③さる ④ねこ
2 ①イ ②ア ③ア
3 した・はな

第41回 犬・村・町・竹

考え方

「犬」は、右上の点の位置に気をつけて書くように指導しましょう。なお、やってみようの①を「太」としていたり、②を「主」としていたりする場合も〇としてください。

答え

①町 ②竹林 ③犬 ④竹 ⑤犬 ⑥村 ⑦そん ⑧したまち

やってみようの答え

① 大→犬 ② 王→玉

第42回 かん字を もっと しろう ①

考え方

第42回・44回・46回は、漢字の字形や筆順などに取り組みます。一つの漢字がさまざまな部分から成り立っていることを意識してもらいましょう。

また、正しい筆順で書くことが、整った字形につながることを教えてあげましょう。一度誤った筆順で書くことに慣れてしまうと、正しい筆順に直すのは簡単ではありません。お子さまの筆順の誤りに気づいたら、そのたびに指摘してあげてください。

答え

1 ①本 ②名 ③百 ④音 ⑤六 ⑥左 ⑦字 ⑧空

2 ①口 ②木・林 ③口・十（②・③は順不同）

3 ①年 ②白 ③円 ④千 ⑤耳 ⑥正

第43回 円・音・白・年

考え方

「白」と「百」は字形が似ています。区別して覚えるよう指導しましょう。

答え

①白 ②音 ③年 ④白 ⑤一年生 ⑥百円玉 ⑦まる ⑧ね

やって みようの答え

【例】白・赤・青・金・水いろ

第44回 かん字を もっと しろう ②

考え方

1は、同じ形をもつ漢字について学びます。②「のう村（農村）」といった言葉が難しいようであれば、その意味を教えてあげてください。

③の「草」「花」などは、同じ「くさかんむり」という部首の漢字ですが、④の「天」「犬」などは、同じ「大」の形をもっていても部首は異なります。ここでは、部首というより漢字の形に注目させましょう。

答え

1 ①学・字 ②村・校 ③草・花 ④天・犬 ⑤貝・見 ⑥山・出 ⑦中・虫

2 青・空・町・休・気（順不同）

第45回 火・休・千・糸

考え方

今回の「火」で、一週間の曜日を表す漢字（日・月・火・水・木・金・土）をすべて学習したことになります。しっかり書けるかどうかをまとめて確認してあげましょう。

答え

1 花火　2 休　3 糸　4 火　5 休
6 千年　7 ち　8 し

やってみようの答え

休（む）

第46回 かん字を もっと しろう③

考え方

1であげているのは、それほど画数の多い字ではありませんが、筆順を誤りやすいものです。

たとえば、「左」の場合は横棒が一画めですが、「右」の場合は「はらい」が一画めであるなど、似た字形でも筆順の異なる字もあります。思い込みで答えず、一字ずつ、あらためて筆順を確認するつもりで取り組んでください。

答え

1
1 ア　2 ア　3 イ　4 イ

2
1 六　2 七　3 五

3
1 百　2 天　3 女

4
1 男　2 草　3 校　4 花

第47回 正しい 文に なおそう

考え方

長音の書き誤り、句読点の不備、助詞の誤り、かたかなで書くべきところをひらがなで書いてしまうといった間違いは、一年生によく見られるものです。こうした間違えやすいポイントをおさえたうえで、自分の書いた文をもう一度見直す習慣をつけるよう指導してあげましょう。

答え

1
1 19ページ参照
2 【例】とても

2
3 19ページ参照
1 きのうは雨がふりました。
2 ぼくはいしゃになりたい。
3 わたしは、ようちえんへいもうとをむかえにいきます。

3
19ページ参照

第4回 ゛と。／小さく かく 字

3

きょうの ごご、おかあさん
と いっしょに としょかんに
いきました。本《ほん》を たくさん
かりたので、学校《がっこう》の しゅくだ
いを 早《はや》く すませて、よみた
いです。

第7回 のばす 音

3

ぼくの おと~~お~~うさんは、や
きゅ~~ー~~うが じょ~~お~~うずです。こ~~お~~うこ
~~お~~うせ~~え~~いの ときには、大《たい》かいで
ゆうしょ~~お~~うしたそうです。おじ~~ー~~い
さんから、そ~~お~~う ききました。

第9回 ものの 名まえ②／あいさつ

3

1 
つ~~ぼ~~ばめ

2 
し~~や~~ゃしん

3 
きんぎ~~ゆ~~ょ

4 
おね~~い~~えさん

第16回 かたかなで かく ことば②

1

あ ぬ め ま お

ア メ ヌ オ マ

2

ぼくは きのう、~~あめりか~~アメリカの
おみやげに、~~さいれん~~サイレンの なる
~~ぱとかあ~~パトカーの おもちゃを もら
いました。

第21回 「は」「を」「へ」

3

1 わたしの おかあさん~~わ~~は やさしい。

2 でん車《しゃ》に のる ため、えき~~え~~へ むかう。

3 いもうとの ために おりがみ~~お~~を おる。

第24回 こそあどことば

1

ぼく「どの みちを いけば えきに つくの かな。」
ともだち「あの こうばんで きいて みよう。」
ぼく「えきまでの いきかたを、おしえて ください。」
けいさつかん「えきなら その みちを いくと ちかいよ。」
ともだち「では、この みちを すすんで みよう。」

第32回 。、「」を つかおう ①

3

きのう、ぼくは 山《やま》のぼりに いきました。
あさから のぼりはじめて、ちょう上《じょう》に ついた ときは くたくたでしたが、とおくの 山《やま》まで 見《み》わたせて、気《き》もちが よかったです。

4

お正月《しょうがつ》に、おばあちゃんの いえへ いきます。たくさんの しんせきが くるので、たのしみです。お正月《しょうがつ》の けいかくに ついて、おばあちゃんと でんわで はなしあいました。

第34回 。、「」を つかおう ②

2

おかあさんが、「こぼさないように 気《き》を つけて。」と いいながら、ココアを わたしに くれた。

3

①
ぼくは わらいながら、はしる ともだちを おいかけた。

②
わたしは、なきながら あるいて いる 女《おんな》の子《こ》を よびとめた。

4

　ぼくはあねに、
「プールにいこう
　よ。」
といった。あねは
「いいよ。」
とこたえた。

5 【例】

おかあさんに、「にんじんをかってきて。」といわれたので、スーパーに出かけました。

第35回 ものを かぞえる ことば

1

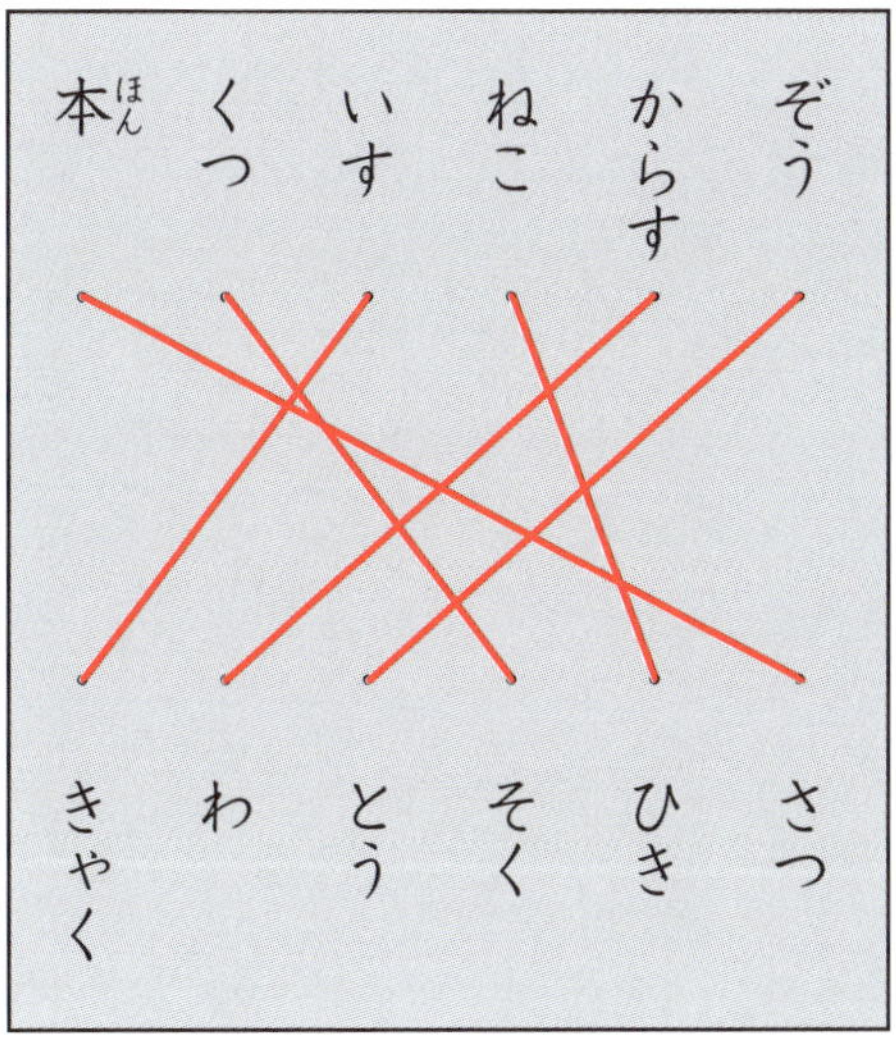

第39回 ていねいな いいかた ②

5

先生《せんせい》、おげん気《き》~~かしら~~ですか。日《にち》よう日《び》は はっぴょうかいに きて くださり、~~おありがとう~~ありがとう ございました。たくさんの 人《ひと》に きて もらい、うれしかったのですが、とても きんちょう~~した~~しました。

ミルマリ

第47回 正しい 文に なおそう

1

① きの~~お~~う、山《やま》~~え~~へ あそびに いったよ。

③ くりを たくさん ひろったから、 もって いくね。

3

うんど~~お~~うかいでは、一年生《いちねんせい》の みんなで ダンスを しました。また、六年生《ろくねんせい》が 出《で》た リレ~~エ~~ーの ときは、赤《あか》ぐみを おうえんしました。さいごは、赤《あか》ぐみが ゆうしょうしたので、とても うれしかったです。

Z-KAI

Z-KAI